知的生きかた文庫

「心のがまぐち」を開くと、自分の人生を攻略できる

タマオキアヤ

三笠書房

はじめに

あなたは精神的にも経済的にも、**豊かさ**を手にしたいと考えていますか？
もしそうなら、**「心のがまぐち」**を開きましょう！

「がまぐち」とは口金のついた小銭入れで、ガマガエルの口に似ていることから、そのように呼ばれています。口をパカッと開ければ、中身が取り出せる財布です。

がまぐち財布の中には、**金銀財宝やすべての豊かさが、ぎっしり詰め込まれています。**そんな豊かさが山のようにあるなら、ぜひとも開けてみたいと思うはずですよね。
簡単に開きそうな「心のがまぐち」ですが、残念なことに…。

その宝物や豊かさは、「あるのに出て来られない」状態なのです。
それは一体、なぜでしょうか？

「私にはその価値がない」「失敗してはいけない」「変な人に見られてはいけない」などの「錆《さび》」が、がまぐちにこびりつき、財布の口が開かなくなっているからです。錆があると、目の前にせっかくお宝があっても、取りにいくことが難しくなってしまいます。豊かさがあっても、行動できなくなる心の障壁が**「心のサビ」**です。

例えば、失敗を極度に怖れる心のサビがあると、興味が湧いて「試してみたい！」と思っても、行動に移すことができません。「自分をさらけ出すと、怖いことが起こる」という心のサビがあると、人と繋がりたくても自分をオープンにできないのです。頭では「こうしたい」と思っていても、本心が一致していないので自分の中がバラバラになってしまう状態なのです。

もしあなたが、がまぐち財布の中にある、あらゆる豊かさを手にしたいなら…。

心のサビを除去しなくてはいけません！

本心がパッカーンと出るように、心のサビをお掃除する必要があるのです。

また、心のサビを除去する前に、肉体を健康にして動ける状態に準備しておくことも大切です。

心のサビを除去するためには、現実世界での行動が必須となるからです。


心のがまぐちを開くと、どんな変化が起きるのでしょうか？

これまでの時代の成功といえば、お金や物がたくさん得られること、社会的地位が上がることなど、物質的、外面的に安定して生活することでした。


ここで、この世界のしくみについて少し説明しましょう。

この世界は二重構造になっています。

ひとつは社会的な世界、もうひとつは魂が司る精神的（霊魂的）な世界です。

社会意識を持って、世間一般でいう幸せや成功を追い求めても、それだけでは物質的なものしか得られません。

私たちは生まれる前、自分で「今回の人生を通じてこのテーマを学びたい」と決めてこの世にきます。でも、産道を通過する際にそれらをすべて忘れてしまうのです。

お金を稼ぐこと、結婚すること、有名になること…そんな「世の中で言われている成功」を追い求めるために生まれたわけではないのです。

私たちの本体である、魂が司る精神的（霊魂的）な世界での成功を追えば、みなぎる自信が溢れだし、物質的成功も後から必ずついてきます。

例えば、「パワハラされる」＝**自尊心を持ちなさい**、「人間関係が苦手」＝**自分を出しなさい**、「浮気される」＝**女性性を解放しなさい**、「不倫してしまう」＝**甘えなさい**、というメッセージなのです。

これがクリアできれば、人生が豊かになると思いませんか？

「成功体験で自己肯定感は上がる」といいますが、半分正解で半分間違っています。その成功が「誰かに決められた成功」だと、いくら積み上げても自信にはならないのです。

私の前半の人生では、良い学校に入り、一部上場の会社に勤めること、高い収入を得ることが成功でした。けれども、それをやり遂げても充足感はありませんでした。きっと「人から見た成功」を追い求めていたからだと思います。

今はそれらを捨てて、**「どうすれば自分が満足するか」**に従って生きています。すると、前半の人生であがいても手に入れることができなかったものを、手にすることができています。

心のがまぐちを開くと、物質的なことにプラスして**「自分らしさ」や揺るぎない自信、視野の拡張など、精神的な豊かさ**も得られるのです。ただ安心するためにお金を稼ぐとか、食べていくためだけに生きていくのではなく、**心からの充実感とやりたいことができる物質的豊かさまで手に入る**のです。

お金は、自分がやりたいことを十分やれるだけの額を得られます。

仕事では自分にしかできない能力を発揮し、食べていくためのものではなく、働くことが生きがいとなっていきます。

人間関係では心を開いて人と繋がることができ、ひとりではできなかったことを一緒に作り上げることで、より大きな夢を叶えることができるでしょう。

恋愛ではより深い関係を築くことができ、お互いにやりたいことを応援し合えるようなパワーカップルになっていけます。

健康面では免疫力が上がり、自分らしさを発揮できる軽やかな肉体を得られて、夢の具現化をサポートしてくれます。

意欲に関しても、自分が今何を目指していて、人生をどうデザインしたいのか、誰かに決められずとも自発的に歩んでいけるのです。


ただ物質的に豊かになるというモチベーションは、今の時代だんだんと廃れつつあります。そこに自分らしさや**「私が存在する意義」**、つまり**「精神的豊かさ」**が求められる時代になったということでしょう。


心のがまぐちを開くことで自分らしさを取り戻し、充実感に溢れ、物質的豊かさもすべて手に入れることができたらどうでしょうか?

そのためには、これまでのいわゆる「成功法則」を一度捨てなければいけません。

今まで謳われてきた「うまくいく方法」では、そこへたどり着けないからです。

本書ではこの**「新しい時代の成功法則」**について、**心のがまぐちを開く攻略法を5**

つの法則（体、心、お金、愛と性、魂）にまとめました。その攻略法は今まで私たちが学んできた攻略法とは少し観点が異なります。取り組む順番も大事です。

あなたは、自分らしく豊かな人生を歩みたいですか？

それを手に入れることは可能です。

この1冊が、あなたらしく豊かな人生を歩むガイドブックになれば幸いです。

私と一緒に心のがまぐちパッカーン！　しましょうね！

タマオキアヤ

目次

心のがまぐち攻略ポイント 1

健全な体を手に入れる

心のがまぐち攻略ポイント 2

心のサビを落とす

心のがまぐち
攻略ポイント
3

お金に愛される

心のがまぐち
攻略ポイント
4

愛と性を満たす

心のがまぐち
攻略ポイント
5

魂の道を歩む

本文DTP／株式会社フォレスト

心のがまぐち攻略ポイント1

健全な体を手に入れる

1

「今、生きている場所」で満たされないと、意味がない

あなたは、自分らしく豊かな人生を送りたいですか?

もしYESだとしたら、「そのために何をすると良いか」を把握していますか?

簡単です。今より充実して幸せな人生を送るためには、「どうしたらもっと自分を満足させられる?」と自分に問えばいいのです。それが積み重なれば、自分らしい豊かな人生が作られます。

そして、自分を少しだけ幸せにするのに「幸せとは何か」を知る必要があります。先に答えを言ってしまいますが、**幸せには方程式があります。**

それは**「体を整える ↓ 課題に取り組み、幸せになる ↓ 魂の目的を導き出して、やらされる人生から、自らやる豊かな人生を歩む」**というものです。

そのためにまず必要なのが、俗に**「幸せホルモン」**(神経伝達物質)と呼ばれる**セ**

ロトニン・オキシトシン・ドーパミン・エンドルフィンを充実させることです。

幸せになるための本は、心の持ち方について書かれているものがほとんどでしょう。潜在意識、心理学、脳科学、量子力学など従来のマインド系の指導では、主に心を変えることに言及されていました。でも実は、心だけを動かそうとしても、**心が入っている肉体が弱ければすぐに心はブレる**のです。

巷《ちまた》に出回っているマインドの法則はポジティブになろうというものばかり。だけど、**ポジティブって体から作られる**って知っていますか？ 体が弱いのに心だけポジティブになるのは難しいのです。体が弱っているからこそ、心が弱ります。

心を整える前にまず、体を整え元気になる生活習慣作りが大切です。でなければいくら心を整えても、古い環境であっという間に古い自分に戻ってしまいます。

よくあるのが、幸せになるために頑張っているはずが、「ドーパミン回路のぐるぐる」にはまって、いつまでたっても満たされないというケースです。恋人に愛されたいからと、振り向かせるために頑張る。仕事で認められたいからと、身を粉にして働く。友達に好かれようとして、自分の意見を抑えてしまう。これらの行為はすべて、

ドーパミン回路の罠なのです。この罠には、「愛されたい、認められたいがために行動すること」によってはまります。世間一般ではそれを「努力」というかもしれませんが、これらは**自分の中の欠乏感を他人に求めてしまう依存行為**に他なりません。ここにとどまって愛を求めるほど、私たちの人生はうまくいかなくなるのです。そしてこの欠乏感を「心を変えよう」とマインド面だけ頑張ってもうまくいかないのです。

私自身もここにズッポリはまってしまい、自己啓発やスピリチュアル、心理学などマインドに偏りすぎた時期がありました。たくさんの本を読んで、心を変える方法を学びました。でも「心をポジティブにしよう」と思うものの、体や生活習慣が乱れていたため一時的に気分が上がっても維持することができなかったのです。心を変える方法を指南するYouTube動画もたくさん出ていますが、それらを見て多くの情報を集めても私の人生はよくなりませんでした。

それは「どうすべきか」という思考のまま情報を集めているからであり、**「私がどう生きれば、人生に満足できるか」の問いがなかったから**だと思います。その結果、現実世界で生きるのが辛くなり病気になってしまいました。そのときに初めて、**「今**

生きている場所で幸せになれなければ、意味がない」と痛感しました。旅行で海外に逃亡するでもなく、一発逆転を狙うでもない。**今いる現実を直視する**ことが大事です。知識を学ぶだけで、日々の生活習慣や行動パターンが変わっていなければ、なんの意味もありません。この先も働くことは続くだろうし、人間関係も続くだろうし、生きていくことは続くからです。どこかに逃げるのではなく、**毎日のこの生活が幸せにならなければ本当に幸せとは言えません**よね。だから大事なのは、**今いる場所で、心身ともに元気になって、精神的・経済的に自由になること**ではないでしょうか。

「今の恋人とうまくいかないから、新しい人に乗り換えればいいや」と、実際に相手を変えても、数年すればまた同じ現実に陥るのです。なぜなら現実を作り出す自分自身のプログラム、つまり思考回路が変わっていないからです。

その「自分満たし」は間違っていないか

この初歩的な勘違いを、実に多くの人がやってしまっています。それは「自分満たし」ではなく「自分壊し」なのです。

法則を知らないままに自分が求めるものを与えていては、体もお金も人間関係も壊れてしまいます。多くの人が間違った自分満たしにより、永遠に埋まることのない無限ループにはまっています。たくさんのお金と膨大な時間を使ったものの何も変わらない、むしろ以前より状況が悪化している…そんな方々のお悩みをじかに聞いて、「これはいけないな」と思いました。セミナーに参加して一時的に気分が高揚するだけで、なんの根本解決になっていないものがあまりにも多いからです。

根本解決は、自宅でできます。自分の状況を分解して、幸せを構成するどの要素が足りないかチェックします。足りない要素をひとつずつ、底上げしていけばいいのです。無理やりポジティブになる必要も、テンションを上げる必要もありません。自分満たしは粛々と自宅でできるのです。

現実が良くなっていないなら、何かが間違っているということです。体が楽になっていない、心が楽になっていない、恋人との関係や会社の人間関係が良くなっていないなら、その法則は間違っているということです。**現実がすべてを教えてくれます。**「頑張ったから」という主観ではなく、「現実として結果が表れているか」の客観が大事です。ここを直視できずに、「私は頑張っているのに！」では現実は変わりませんよね。以前の私もそうでしたが、「私から見た視野」という主観でしかものを見られないなら、自分の行動のどこがまずいかを、捉えることができません。捉えることができなければ、改善することもできないですよね。大切なのは客観的に、冷静に自分の状況を見ることです。私が繰り返しやっていたので自分で言いながら耳が痛いのですが、感情的になって爆発しても何も変わりません。感情的になるのは生活習慣やもののの見方がまずいのであって、他人に何かされたからではないのです。すべては自分です。自分の何かがまずいのです。そこを直視して改めることしか、良くなる術《すべ》はありません。しんどい部分ですが、これが「自分を愛する」ということです。

人生がうまくいかないと感じている人は、「うまくいかないこと」で人生が埋め尽くされています。ビッグロックの法則（大きな石理論）の中で、「砂利から入れるな」という言葉があります。**自分の人生を「どうでもよいこと」から入れてしまうと、本当に大事なことが入る隙がありません。**砂利とは一体なんでしょうか？

自分の体を劣化させる生活習慣や、人目を気にしすぎてやりたいことがやれない思考回路を指します。他人からバカと思われたくない、ちゃんとした人に見られたいからという動機でやることは砂利なのです。

最近では「自分を満たしましょう」というフレーズが一般的になりました。

でも、**あなたはどうすれば本当に「自分が満たされるのか」を知っていますか？**

ありがちなのが自分を満たすために、高級ホテルにアフタヌーンティーに行くというものです。でもこうした行為はいくらやっても、自分満たしどころか自分壊しになります。その理由がわかりますか？


自分満たしとは、キラキラ華やかなものではありません。


地味で、誰にも素敵と言われないようなものばかりです。アフタヌーンティーに行っても何も解決しないのに、高級ホテルだと5000円くらいかかったりします。本当に無駄でしかありません。それなのに、同じ行為を繰り返して「私は満たされている」と勘違いしている人が多いのです。

私も法則を知らないうちは「これで幸せになれるのかな？」と、誰かが言う「幸せ」のためにお金を使っていました。でも、それでは満足感は得られないし人生も変わりませんでした。あなたは、「自分を満たす」ということの明確な説明と実践ができますか？ そして、それをやった結果、確実に自分の人生が良くなっていますか？

2 9割の人が知らない、「幸せになる正しい順番」

幸せになる方法は、大きくわけて肉体面のケアと精神面の2つあります。

肉体面のケアは、① **ホルモンを出す** ② **血を整える** ③ **体温を上げる** ④ **筋肉量を上げる**の4つです。精神面のケアとしては、**自分の思考パターンを知り、引き続き課題に取り組み、最後に魂の目的を生きる**、というものです。

最初に、「①ホルモンを出す」から説明します。簡単です。

幸せになれるホルモンを出せばいいのです！

幸せになるために必要なホルモンは大きく4種類あります。**セロトニン・オキシトシン・ドーパミン・エンドルフィン**です。これらが欠けていると、幸せから遠くなるのです。逆にこの4つのホルモンを順番に満たしていけば、幸せは攻略できるということ！　覚えておいてください。これをあなたがいる場所で、その環境の中でどう作っていくか？　満たしていくか？　を考えていくとわかりやすいと思います。闇雲に「幸せになりたい」と思っても実現は難しいので、「自分には何が足りていないのか？」をチェックするといいですね。

健康ホルモンのセロトニン

まず**幸せの基本になるのがセロトニン**です。

これは**健康ホルモンでもあり、体を動かすことで得られるもの**です。イメージは「スッキリした感じ」。運動すればスッキリさわやかな感じがしますね。**セロトニンが出ていると精神的に安定します。**セロトニンは幸せホルモンの基盤となるものなので、これが出ていなければ他にも影響してしまいます。

以前の私もそうでしたが、運動不足で日光を浴びる機会が少ないとネガティブな発言が多くなります。当時はそれが生まれつきの自分の性格の問題と思っていましたが、実は**性格は生活習慣から作られます。**

ネガティブをやめたいなら、**朝30分程度のウォーキングが最も効果が高い**です。朝

幸せになるために必要な
4つのホルモン

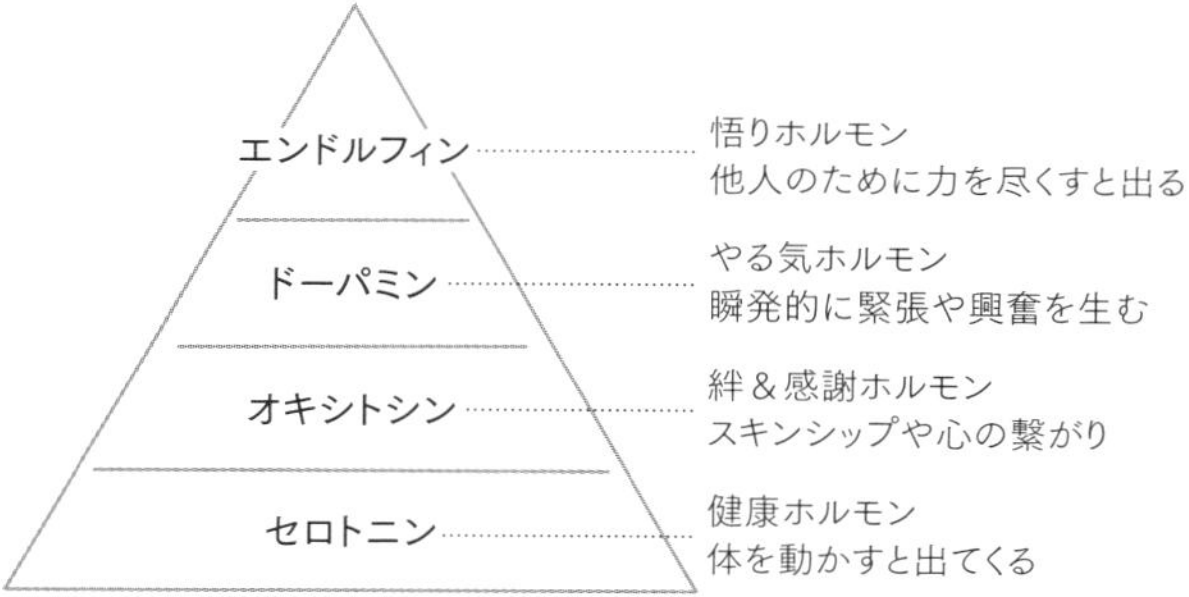

にセロトニンが出ると一日中スッキリと前向きな気持ちで過ごせます。さらに日光を浴びることでビタミンDが作られ、セロトニンが出やすくなります。メラトニンという睡眠を司るホルモンも出ます。メラトニンが出た約15時間後に眠気を感じるようになっているので、自然に眠くなって睡眠が気持ちよくできます。季節性うつといって、日照時間が短くなる冬に憂鬱《ゆううつ》な気分になる人が多くなります。

私は毎年冬になると気分が落ち込んで、暗くなっていました。これも日光を浴びる時間が少ないことが原因と言われています。もともと夜型でスマホをだらだら見ていたのですが、朝起きて歩くようになり、夜9時には眠くなるようになりました。

運動がめんどくさいという方も多いかと思います。ですが、動かないと血流が悪くなり、筋肉が衰えるため、ますますやる気がなくなっていきます。

私は運動が大の苦手だったので、それで病気になった面もあります。でもこの説を知ってから、実験的に朝のウォーキングを始めました。最初は500メートル歩くのすら億劫《おっくう》でした。学生時代からガリ勉でずっと座っていたため、筋力がおばあちゃん並みだったからです。夜遅くまでネットを見ていたし、朝起きること自体も億劫。後述しますが、栄養不足だったのでとにかくだるいし起きられない。寝起きを誰かに見られるのも嫌だったし、ウェアに着替えるのも面倒…けれども確かに、少しでも歩いた日は、1日ずっとスッキリ前向きな気持ちでいられます。

それがだんだん癖になりはまっていきました。500メートルをタラタラしか歩けなかった私が、疲れにくくなり体温も上がりました。平熱はネガティブだったときは35・6度くらいだったのが、今では36・8度です。ちなみにウェアは自分の気分が上がるよう、派手な色や柄ものを選んでいます。少しでも自分を鼓舞するためです。

セロトニンが十分出るようになれば、次はオキシトシンです。順番がちゃんと決まっており、ベースにセロトニンがあると、オキシトシンが出やすく、持続力も上がると言われています。まずはセロトニンを攻略しましょう。

絆ホルモンのオキシトシン

オキシトシンは絆ホルモンであり、人との繋がりや安心感で得られます。オキシトシンの攻略が、幸せになるカギだと言っても過言ではないでしょう。オキシトシンがあると、自分が愛されている感覚で生きられます。この安心感があるおかげで、新しいことにチャレンジして自分らしさを発揮できます。不足していれば精神的に不安定なので他人に愛情を求めすぎ、何かに依存して問題から目を逸らしてしまいます。それではいつまでも、自分らしい人生は作れません。虚無感を感じている人、なぜか満たされない人はオキシトシン不足です。人と繋がることやスキンシップが少ない人もオキシトシン不足でしょう。特に現代人は繋がりが希薄な中で育ち、オキシトシンが少ないと言われています。だからトレーニングをして積極的に出すしかありません。

オキシトシンを出すには、自分をねぎらい、いたわることです。ねぎらうと言っても間違えてはいけないのが、暴食させるとか買い物をしてモノを与えることではありません。オキシトシンのキーワードは、**スキンシップや心の繋がり**です。自分ひとりの場合は、自分の体を優しく触ることが有効です。決して強くたたいたりするのではなく、人から触れられて嬉しいと感じるくらい優しいタッチにしてください。

肌感覚を育てていくのも良いでしょう。衣服がない状態で自分にゆっくりマッサージをするとか、さすることで触られて気持ち良い感覚が育ちます。お風呂で全身を優しく洗いながら、自分でスキンシップするのも良いでしょう。髪を乾かすときにも、自分の髪や頭を撫でてみてください。「ああ、めんどくさい！」とイライラしながら髪を乾かすのでは、せっかくのオキシトシンタイムが無駄になってしまいます。セロトニン・オキシトシンが出ていないまま無理に頑張っても、あまり良い結果にはなりません。「時間を設けてやる！」くらい重要なことです。

どうせなら日常でやっていることを、少しの意識で置き換えられたほうが良いですよね。スピリチュアリストや聖者のように、どこかパワースポットに行くとか山籠《やまご》もりするというのは、普通一般の人では難しいと思います。けれどもそんな特別なことをしなくても、今いる日常の中で法則を使い、生活習慣を変えることで自分らしく豊かになることは可能です！　私が実践し始めたのも、会社員のときでした。

日常でできることといえば**深く呼吸し、吐くことに意識を置きましょう。**それを繰り返すだけでオキシトシンが分泌されます。仕事中にため息をつきたくなるのは、深い呼吸を求めてのこと。なまけているのではなく、体がオキシトシンを求めているのですね。また、五感を使うのも良いです。花を生ける、料理をする、味わう、美しい音楽を聴く、好きなシーツで眠る…どこか高級ホテルに行くよりも、自宅を高級ホテルのようにお気に入りの場所にしたほうがお得です。そうすれば自宅に帰るたびに、安心してオキシトシンが出るパワースポットになります。

また、オキシトシンは**感謝ホルモン**とも言われています。ですから**感謝が増えればオキシトシンが増える**と思ってください。とはいえ、普段忙しく生活していて、感謝しようと思ってもなかなか難しいかもしれません。そこで有効なのが**感謝ノート**です。ノートに、感謝できることを綴《つづ》っていくという簡単なものです。感謝することは小さなことからでかまいません。コツは、「今すでにあるものに目を向ける」です。「健康でありがたいな」「雨風をしのげる家があってありがたいな」「仕事があってありがたいな」「今日も快便でありがたいな」という感じです。これを、心を込めて、じんわり染み入るまで丁寧に書くことが大切です。

適当に「やればいいんでしょ」では、オキシトシンが出ないのです。**オキシトシンは深い呼吸とともに、「今ここ」に意識を集中したときに出ます。**瞑想をして気分がスッキリするのも、セロトニンやオキシトシンの効果でしょう。

ここで、**周波数**のお話を少ししておきましょう。

「感謝したほうがいい」「ノートをつけるといい」と言われても、ほとんどの人が実践しません。なぜでしょうか？　それは、理屈がわからないからだと思います。なぜやると良いのか、メカニズムが理解できないとなかなかしないですよね。ですが、理屈がわかればすぐにでもやりたくなるはずです。実際私も、わざわざ時間をとって、部屋を整えて、お気に入りのノートで何万円もする万年筆で、丁寧にじっくり感謝を書き綴ります。どれだけ忙しくても、朝にこの時間を確保してルーティンにしています。それは、これをやるほうがうまくいくからです。私は理屈はもちろん、体感していますのでもう習慣から外すことはありません。それくらいパワフルなものです。

私たちは肉体が本体であり、「自分」だと思い込んでいます。

けれども、**私たちの主体は霊体です。**私たちの肉体の周り数メートルにわたって、目に見えない空間があるとご想像ください。そこが主体で、肉体はその従属物、乗り物です。私たちが人生がうまくいかないと感じるとき、体調が悪いと思うときは、この主体である霊体に不具合があるということです。

例えば体調不良のときは、霊体が弱っているということです。エネルギー循環が滞り、古い気が溜まっている状態です。これを「気枯れ」といい、ケガレと読みます。気が枯れているときは、結果として肉体に症状が出ます。風邪をひきやすい、だるい、気持ちが落ちるなど。このとき何が起こっているかというと、霊体と従属物である肉体の周波数が落ちているということです。

私たちの肉体をずっと細かく見ていくと、**素粒子**にたどり着きます。そしてこの**素粒子は特定の振動数で揺れ動きます。**この振動数によって、現実世界の素粒子も影響されて揺れ動き、モワモワした状態から固定され、物質化されます。つまり自分が放つ振動数によって、現実世界の様子が変わるということです。これが**量子力学**の理屈です。この理屈からいくと、自分の振動数が低い状態（＝周波数が低い状態）だと、同じく目に映る世界も振動数が低いものになります。あなたがイライラしていると、一緒にいる人の嫌な部分が目に映った経験はありませんか？　つまり、**あなたの振動数によって、相手から引き出される振動数も変わる**ということ。逆にあなたが感謝で

自分の「振動数」を変えると、相手の「振動数」も変わる

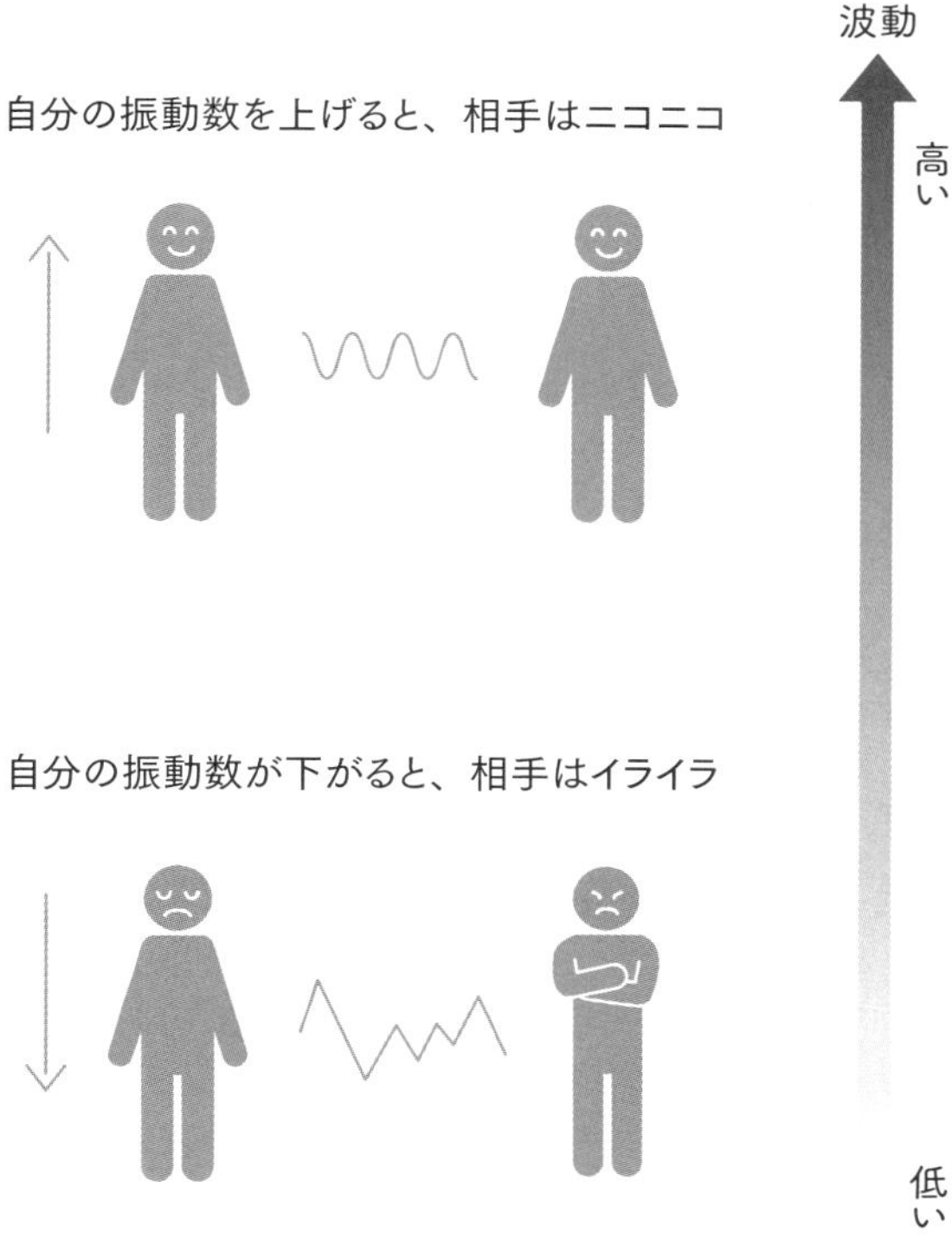
波動
自分の振動数を上げると、相手はニコニコ
高い
自分の振動数が下がると、相手はイライラ
低い

溢れているときは、相手の素敵なところが目に入りやすくないでしょうか。
量子力学的に考えれば、自分の振動数によって現実が変わるので、**現実を変えようと躍起になるより、自分が放つ振動数を変えましょう**ということです。
ですから嫌なことがあるとか、仕事や人間関係で悩むときは、いったんそこから離れて自分の周波数を上げたほうが良いということです。その問題にどっぷりはまるほど、周波数は落ちていき、嫌な現実を作り出します。嫌な現実を変えたいならば、やるべきことは**「自分が幸せになる」**ということです！

実際に私は、ダメ会社員だった頃に自分が放つ振動数を変えることで病気がなくなり、人間嫌いがなくなり、昇進して年収100万円アップした「人体実験記録」をブログに載せています。そこでやったことはまさしく、「自分の周波数をどれだけ引き上げられるか」ということです。

前ページのイラストのように、自分の状態がイライラ、悲しみ、認めてほしいというエネルギーで溢れていれば、それに呼応した現実になります。私がこの状態のとき、会社に行けなくなり、病気になってしまいました。そこから周波数を上げていくことで、目に映る世界が変わっていきました。

その際にやったことのひとつが、**感謝ノート**でした。当時、病気になるまでは感謝どころか、人の悪口や文句、ダメなところをあげつらい、自分にもダメ出しをして、人生に不満ばかりでした。イライラして食器をたたき割りたい衝動がいつもあり、「私は先天的に性格に問題があるんだろう」と思ったくらいです。自分に対して「仕事もできないお前なんていないほうがいい」「能力が低い人間なんて誰にも愛されない」と、きつい言葉をその頃はかけていました。それは一見、自分に厳しく良いことと言われますが、周波数で見れば絶対にやってはいけないことです。

自分が自分に、気分が下がることを言って、良いことなんてないのです。周波数が下がることで低い世界に自分を閉じ込め、嫌なことを引き寄せさせているのです。

そこを脱するためにも、**自分にねぎらいをかけ、今あるものに感謝することで、ジワジワとオキシトシンが出るのを感じましょう。**ほっとして温かい気持ちになる、派手さはないけれど、日なたぼっこするような暖かさがオキシトシンのサインです。

このように周波数を引き上げるのに、わざわざ高級ホテルに行かずとも、自宅でノートとペンさえあればできるのです。**要は、オキシトシンを出せばいい**のです。闇雲にお金と時間を使うのではなく、因数分解して、自分にどの要素が必要なのかを知りましょう。そして、今の生活の中でどうしたらその要素を取り入れ、生活習慣にできるかを考えることです。

オキシトシンが出ることで内臓の機能が向上し、免疫力が上がります。病気になるのも外因的な食事や経皮毒（皮膚や粘膜から入ってくる有害物質）の影響だけではなく、内因的な免疫力の低下も原因です。**私たちは人と交流することで、免疫力を保つ生き物なんです。**新型コロナ禍で人との交流が減ったことで、うつや病気が増えましたが、これはオキシトシンも関係していると思います。

最近ではオキシトシンが美肌に良いという研究もされています。私自身もニキビ肌で皮膚科に通っても良くならなかったのが、人と繋がるようになって安心感が増えたことで改善しました。外側からお化粧で塗るよりも、内側からの発光が大切です。健康や美肌、精神的な安定のためにもスキンシップや人との交流はとても重要です。

自分だけで食事するよりも、みんなで分け合って食べたほうが美味しく感じた経験はありませんか？　あれはオキシトシンが働くからです。五感が開いて、美味しく「感じる」センサーが立ったということです。そのため、自分が安定して幸せになったら、次はみんなで幸せになったほうが幸福度がより高まるということです。

1日の中で、セロトニンやオキシトシンが出る時間を確保するようにしましょう。特に**夜は陰陽で言えば陰の時間、リラックスの時間**です。この時間に活動的になるよりもあえて、ゆっくり**自分ケアの時間**にしたほうが全体にうまくまわります。

なぜならオキシトシン不足で頑張ろうとしても、安心の土台がないからです。安心の土台がないまま踏ん張ることはできません。一瞬だけできても、長続きしないからです。長期にわたって良い状態でいたいなら、まずは土台を整えることです。

パートナーがいる方は、お互いにマッサージをするのも良いでしょう。ハグやセックスを楽しみながら、オキシトシンを出しましょう。ペットや子供をハグするのもいいですよ。

私は「ゆったりした時間を過ごすのは、人生の無駄だ」と思っていたタイプです。ゆっくりお風呂に浸かる時間があるくらいなら、もっと仕事や勉強をしたほうが良いと思っていました。

ですがそれを続けた結果、体も心も病んでしまいました。今思えば、セロトニンとオキシトシンの土台がないまま無理に頑張ろうとしていたということです。

頑張るのをいったんやめて、ゆっくりお風呂や自分ケアの時間を取ることは恐怖でもありました。それでも続けていくと心がゆるんでいき、「ああ、大丈夫だろう」という気持ちが育っていきました。すると、やるべきことに落ち着いて取り組めるようになり、仕事も伸びていきました。物理的にガッツ仕事や勉強する時間を減らしても、**安心の土台があることで中身が濃い時間を過ごせます。**今では運動や自分ケアの時間を、真っ先に確保しています。そのほうがうまくいくからです！

「頑張る」というのは、このセロトニンとオキシトシンの精神的な安定の土台がないまま無理をするということです。夢を叶えるには、確かに動かなければいけません。

でも、自然と「やりたい」と思えるのか、「やらなきゃ」と思うのかで行動量が変わります。私が**「自然体でうまくいく方法」**をお伝えしているのも、一見遠回りに見えるこの方法こそ、実は近道であると体感したからです。

才能は安定した土台のもとに咲きます。安定した土台が、土壌のようなものです。土に十分な栄養と酸素、余裕がなければ美しい花も咲きません。結果を急ぎすぎるあまり、土台を忘れていませんか？　このセロトニンとオキシトシンの攻略が、安定した精神を作り、建設的に夢を叶える強固な土台になります。

人生は長期戦。安定した心の土台あってこそ、チャレンジができるのです。甘えではなく、自分という電池を長持ちさせるものと思って、積極的に取り入れてみてください。

やる気ホルモンのドーパミン

次に、**ドーパミンはやる気ホルモンです。**モチベーションを司ります。

よく「モチベーションが出ない」と言いますが、モチベーションが自然と出るためには土台が必要です。セロトニンとオキシトシンの安心の土台があってこそ、新しいチャレンジができるのです。

人生がうまくいっている人ほど、運動や食事、プライベートの時間が充実しているイメージがありませんか？　それは自然とうまくいくサイクルが身についているのでしょう。**ドーパミンは緊張や興奮を生むホルモンであり、瞬発的な力を発揮します。**

一方で、使い方を間違えると幸せから遠ざかってしまいます。それは「もっともっと！」を生む危険性があるということです。ドーパミンはやる気や達成感で出るホルモンですが、**持続時間が短い**のが特徴です。例えば、ずっと欲しかったものが買えたとします。でも、喜びは一瞬。次の瞬間には消えてしまうので、また快感を得るためにはさらに買い物が必要です。目標達成も同じで、夢が叶った快感は一瞬です。「燃え尽き症候群」という言葉があります。これはセロトニン・オキシトシンの土台がないままに、幸せになろうと突っ走った結果起こります。ドーパミンだけで幸せになろうと思ったら、ひたすら自分に鞭打って走らせ続けなければいけません。

ギャンブル依存がこれに当てはまりますが、スマホ依存も同じです。けれどもドーパミンはだんだん耐性がつき、ある一定以上いくと出ているにもかかわらず幸せを感じなくなります。これが**物質的幸福の限界**だとも言えます。実際、土台がないままに生きている人は、「ここが頑張りどき！」というときに、馬力が出ません。またセロトニン・オキシトシンが少ないと、幸福感や安心を感じられないので、寄り道しがちになります。例えば憧れの仕事を頑張りたいのに、安心の土台がないので無駄な時間を過ごしてしまうなど。

私たちは自分が思う以上に、ホルモンに支配されています。

セミナーに参加して一時的に気分が高揚し、「変わったような気分」になるのもドーパミンが関係しています。講師の話を聞いて気分が上がるのはもちろん良いことですが、それが継続して実生活にも良い影響をもたらすにはセロトニンとオキシトシンの土台が必要です。

悟りホルモンのエンドルフィン

最後にエンドルフィンです。**エンドルフィンは悟りホルモンです。**

別名「脳内麻薬」とも言われ、**痛みを軽減する作用**があります。出産時にあれだけの痛みがありながら、「気持ちよかった」という声も聞かれますよね。それはエンドルフィンが関係しています。人が覚悟を決めたとき、やりたいことをやると決めたときに脳内に分泌されます。体内で分泌される場合は、依存性はありません。一方で体外から入れると依存性が強いです。アヘンがその作用と似ており、アヘン戦争が起こったのも耽溺《たんでき》から抜けられないほど強い恍惚感をもたらしたためと言われています。

体内で分泌できれば感謝が湧き出て、疲れがふき飛んでやる気に満ちた状態になれます。これは自分のためというより、**他の人のために力を尽くしたとき**に出ます。つまり、**他者の幸せを考えて生きたほうがエンドルフィンが出て、痛みを感じにくい人生になる**ということです。

会社員や経営者でも自分のためだけを考えていると、たくさんのストレスで潰れてしまいます。ですが「他者のために自分を活かそう！」というスタンスで取り組めば、仕事上のストレスは感じにくく、人との繋がりの中でオキシトシン・ドーパミンも出て幸福でいられます。

私はもともと、自分のことしか考えていない視野の狭い人間でした。

幸せそうな友人のSNSを見ては、悔しさや嫉妬でイライラして、他者の幸せを喜べなかったのです。

今ならわかるのですが、当時は体調が悪く、どうやって幸せになるのかの法則もわからなかったため右往左往。だんだんと幸せの法則を理解してセロトニンから順に整えていくことで、確実に満たされていくのを感じたものです。ですからまずは動ける自分になって、自分を幸せにしていくことが大事だと思います。

そして自分の夢はもう叶えて満たされたとき、再び虚無感に襲われました。そこで**「今までの自分の経験を活かして、次は人を支えたい！」**という、性格が曲がっていた私からは到底考えられない目標ができました。もともと人が嫌いで、「生きとし生けるものすべてが消えればいいのに」と思うくらい心がすさんでいた私が、です。

不思議でしたが、**人の幸せのために生きていると、本当に幸福度が上がっていきました。**ひとりだけで幸せになっていた頃より何倍も幸せで、ストレスを感じなくなったのです。

けれども大切な注意点があり、それは**幸せの法則は必ず下から順に入れること**です。なぜなら**自分が幸せで満たされていないのに、人を幸せにすることはできない**からです。

男性は自分が枯渇していても、他人の笑顔を見れば動ける面があります。一方で女性は、まず自分が満たされていないと力が発揮できないのです。これは優劣ではなく性差だと考えています。

ですから基本的にはまず、自分を十分に満たしてください。それは決してワガママではなく、その先に**人の力になれる自分**が待っています。

あれだけ自己中でワガママで自分のことしか考えていなかった私でも、自分を満たした結果、人の幸せを思えるようになりましたので、これは真実です（笑）。

3

「非社会的な自分」を解放する、陰の時間を持つ

この幸せの法則を実践する際に、気をつけることがあります。それが、**「社会的な規範」を守りすぎていると幸せになれない**ということです。

仕事をするとき、家庭で父や母の役割をするときは、「社会的な自分」「ドーパミン的な自分」が前に出ています。一方で、これをやりすぎると擦り切れてしまうのです。前述したように、ドーパミンは一時的になら良いのですが、継続力が弱いです。それをうまく継続させようとするならば、プライベートで完全にドーパミン的自分をOFFにすること。セロトニン・オキシトシン的な自分と切り替えるということです。

焦りや不安で、残業をしすぎる人。夜になっても不安感でネットサーフィンがやめられない人。リラックスタイムを軽視してシャワーだけで過ごす、適当に食事を済ま

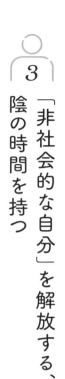

す…これではドーパミン的自分のスイッチが切れず、日に日にパワーが弱まっていきます。焦りと不安の渦中にいる人こそ、**安心安全の場**をあえて持つことが必須です。むしろこれがなければ、どこかで必ず燃え尽きて折れます。

その折れ方は激しく、ある日「バキッ!!」ときます。そんなふうに折れた場合、ダウンタイム（折れてから復活するまでに要する時間）が非常に長くかかります。早くて数カ月、人によっては数年かかるでしょう。それでは働いている方だと生活していけません。

自分を電池のように考える必要があります。急速に使いすぎれば、消耗するのも当たり前。メンテナンスしながら大事に使えば、長持ちします。そのメンテナンスにあたるものが、**「非社会的な自分」**をあえて引き出すということです。

非社会的な自分とは、**社会から見ればダメで、グズで、うるさくて、ダメダメな自分、アーティスティックで説明ができない、訳がわからない自分**です。

例えば子供の頃、無意味に公園でゴロゴロ転がって泥まみれになったり、雨の日に水溜まりをチャプチャプ跳ねたりしませんでしたか？　川にドボン！　と飛び込んだり、もぎたてのトマトをかじったり、大声で歌ったり…。それらは社会的に見れば、子供っぽくて非生産的なことかもしれません。でも、**私たちの電池を長持ちさせ、精神的・経済的に豊かになるために大事なエッセンス**なのです。

そのため、私は**「バカになろう！」**を推奨しています。あなたが考えるバカって、なんですか？　例えば、

・カラオケで大声を出して踊り歌う
・日が暮れるまで夕日を眺める
・映画で泣きじゃくる
・全力疾走してみる
・絵を描く

などがあります。

パートナーがいる方は、ラブホテルに行って気がねなく大きな声を出して、たくさん甘えて子供のように感情表現をしてセックスするのもおすすめです。

なぜなら、こんなにバカなことをやるって、大人になってからあまりないですよね。でもこの**陰の時間が充実するほどに、陽の時間（社会的な自分、成功など）が伸びていくんです。**これは**祭り**です。もともと祭りは、こうしてハメを外してけがれを払うものでした。それが定期的に開催されることで、隠していた自分を思いっきり発散する。それによりバランスを保っていたということです。

「仕事の合間に…」や「頑張ったご褒美に…」ではないですよ。

そもそも「頑張ったご褒美」は、「私は何か結果を出さないと褒められない」という前提の話ですね。けれどもあなたは、何か結果を出したからご褒美をもらわなくても、たとえ結果を出せなくても**「存在しているだけで大切な存在」**です。そんな自分がいてくれることを祝して、陰の時間をしっかりと確保してください。

ルーティンとして「この日は遊ぶ！」と事前に決めて、思いっきりハメを外すのも良いでしょう。海外に行くのももちろん良いですが、気をつけてください。「海外のリゾートで過ごしたい！」と定期的に思う人は、普段から陰の時間が足りないということです。日常で陰の時間が足りないと、私たちはバランスをとるために旅行や大き

「陰の時間」を充実させると、
「陽の時間」も充実する

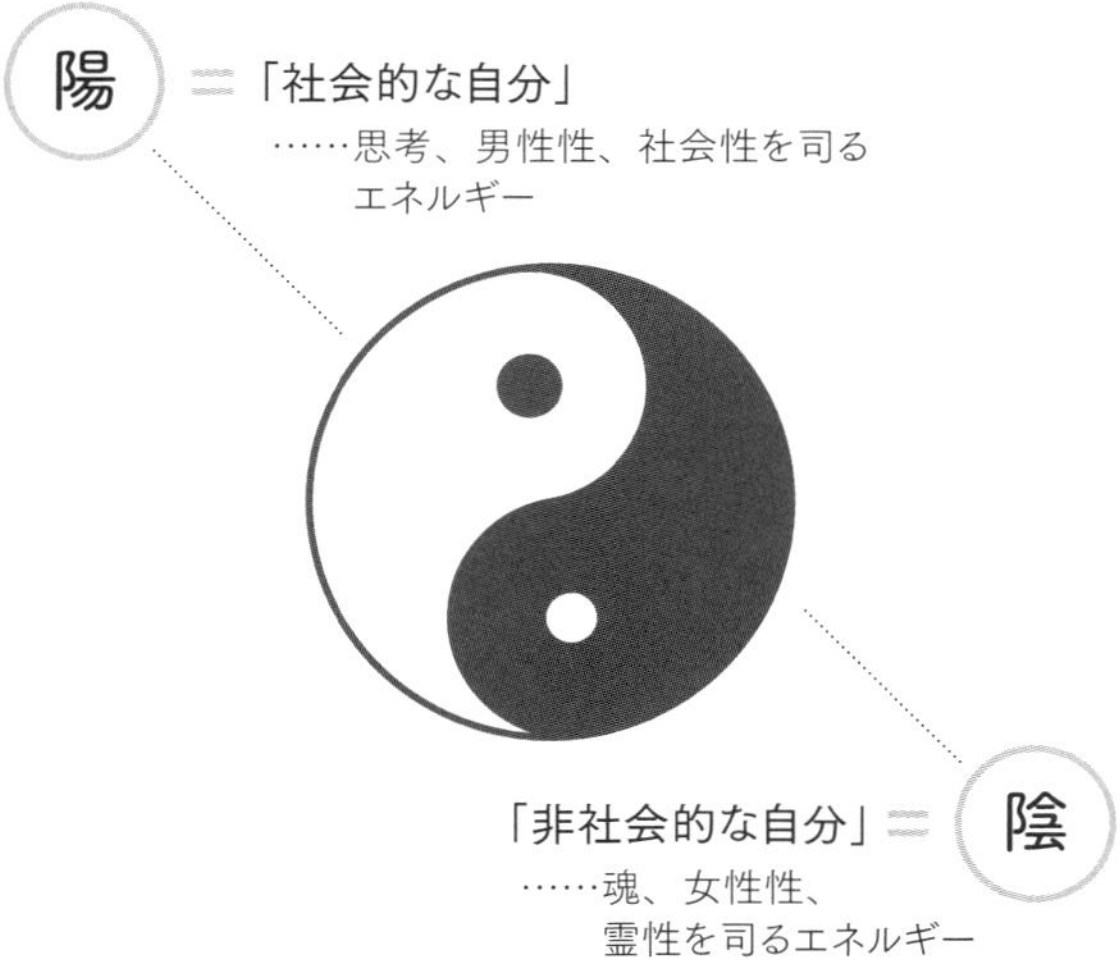

陰を充実させると、自動的に陽も充実するようになる

「非社会的な自分」を怖れずに満たしていこう！

な買い物でストレスを発散しようとします。でも定期的にその波が来たら、いつまでもお金が貯まらず散財して好きなことができないかもしれません。そのときはこの幸せの法則を見直して、お金がかからないことでセロトニンやオキシトシンを充填することです。歩いたり、深呼吸したりといったことでも可能です。

私の場合は、ボイストレーニングに通っていて、X JAPANを大声で歌います（笑）。音も外れていますが、定期的に大声を出して祭りを楽しんでいます。

それ以外にも生け花や山歩き、夜の晩酌タイムに盆踊りするなど、意識して感性的な自分を引き出すようにしています。起業家では珍しいかもしれませんが、三食すべて手作りで料理も楽しんでいます。それをやっている今のほうが、日中の集中力も上がり仕事が楽しいです。

「お金がない」「忙しいから」に逃げない

私が求めているのは社会的に、誰かに認められる華々しい成功ではなく、**自分が納得できる自分らしい成功**です。もし、お金や売上だけを追うならば、こんな時間は一切排除するでしょう。でも、お金だけ得ても幸福度が変わらないと理解し体感しているので、自分の夢を追うようにしています。

「お金がないのでできません」という方がよくいます。まずお答えとして返したいのは、「ないなら働こうよ」です。自分が幸せになるために、自分の夢を叶えるために働くのは大切なことです。何も動かず結果だけが欲しいと願って神社に行っても、叶えられることはないと思いませんか。**自分ができる範囲でも、精一杯取り組み幸せを作ることでしか、次のステージは現れない**のです。

「何もしたくないけど、幸せになりたい」という怠惰な気持ちは捨てたほうが良いです。なぜなら、私たちは怠けるために生まれたわけではないからです。

自分がやりたいことをたくさん搭載して、私たちはこの世に生まれています。だから休みたいのであれば、しっかり体を休めてください。栄養をとってください。きっとその次に「やりたいこと」が出てくるはずです。

私はこれに関しても実験をしたことがあります。

会社員の頃、とにかく仕事が嫌いでサボってばかりでした。ろくに仕事もせず、思いつく限りサボっていましたが、つまらなかったです。そこで「サボっても全然楽しくないな。私はサボるんじゃなくてもっと自分を生かしたいんだな」という、「休みたい」の奥にある思いに気づきました。

また脱サラしてしばらくはとても忙しく過ごしていたため、「ちょっと休みたいな」と思っていました。そこで「一度、心ゆくまで休んでみよう！」と思い、連日、Netflixでアニメを見たり旅行していました。でもだんだんと飽きてしまって、「やっぱり働きたい」と思うようになりました。

私たちって案外、働いて人と繋がりたいと思っていたりします。

幸せになることをしようとお話ししても、「忙しいからできない」と言う方もいます。忙しい、お金がないという理由で逃げていては、幸せになることは不可能です。**今いる場所で、今の環境で、今のリソースでどうやって導入できるか？**を考えられる人だけが、幸せな人生を自分の手で作れるでしょう。なぜなら「忙しい」というのは、「やらなければいけないこと」で人生が埋め尽くされているから。

つまり砂利でいっぱいだということです。

砂利がいっぱいの状態では周波数が上がらないので、低いままで現実が展開してしまいます。しくみを知って何度も実験を重ねてきた私からすれば、そのほうがよっぽどリスクがあります。ずっと低空飛行するのが嫌なのであれば、どこかで決断して**優先順位を変える**しかありません。

決断を**「自分の意思で決める」**ことも大事です。

誰かが言ったから、こっちのほうが良いだろうからと自分の意思を無視して決めると、成功しなければ幸せになることができません。一方で自分の意思で決めた場合、失敗しようが成功しようが「チャレンジした」という充実感が湧き上がります。

そのため、自分の意思で自分の人生を決めることも、幸福感を得るには大事なことです。「親や社会が、こっちが良いと言っていたから」ではなく、自分で決めていきたいですね。

4 モノ依存の「ドーパミン的な幸せ」には、限界がある

年収800万円から上になると、幸福度が変わらないという調査を知っていますか？　年収800万円というのは、ある程度の生活レベルで暮らすために必要な物質は揃えられる金額です。

でも、それ以上の年収になっても食べる量やモノを持てる量も決まっているので、幸せになれないのです。

実際、私は会社員時代に年収が800万円程度ありましたが、ある時期から幸福感を感じなくなりました。モノは買えるし暮らしていけるのに、なぜか虚無感を感じ始めたのです。

その理由は、**「モノではない精神的充実が欲しい」**というものでした。当時は漠然とした不安で、「なぜこれだけ収入があるのに、幸せじゃないんだろう」と、感謝が

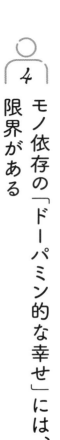

足りない自分を責めたものです。

でも、今ならそのメカニズムがわかります。いくらモノがあっても、セロトニンの運動をしてスッキリした感覚や、オキシトシンの人と繋がる喜び、そして最後に出てくるエンドルフィンで自分がやりたいことを表現していく充実感がなければ、これからの時代は幸せになれないということです。

それを強烈に体験したお話があります。

会社員を辞めて独立した頃、収入は会社員時代の何倍にもなりました。お金を手に入れて私がやったことは、「今まで欲しかったものを買う」です（これは失敗談なので決して真似しないでください）。

私の生まれ育った家庭は母子家庭で、母親が当時、年収200万円の介護職で一家5人を養っていました。当然、贅沢はできないので欲しいものをいつも買ってもらえたわけではありません。母の疲れた様子を見て育った私は、いつしか「お金さえあれば幸せになれるのに」と思うようになりました。

独立して収入が増えて、当時抱えていた寂しさをお金で解決しようとした私は、散財しました。高級ホテルに泊まり、ハイブランドの服を買い、海外旅行に行き…。あるときは某高級ホテルに連泊して、毎日ルームサービスを頼むということも経験しました。けれども味が濃くてだんだん美味しく感じなくなり、「お茶漬けを食べたい」と思うようになりました。

あれだけのお金を散財したのに、「満たされた」という感覚がなかったのです。「お金さえあれば幸せになれる」と思っていた私は、ずっとそのために頑張ってきた依り所が間違っていたと気づき、大変なショックを受けました。SNSでみんなが「幸せ」と見せびらかしているものを一通り経験しても、幸せと感じない。

この経験が**「本当の自分満たしってなんだろう?」**と疑問を抱くきっかけになりました。

ハイブランドの服を買っても、どんどん新作が出ます。高級ホテルだって、上を見ればキリがない。レストランも、お値段が何十万円という店がざらにある。だけどモノを買っても家がモノで埋め尽くされるだけで、幸せにはならない。

これがドーパミンの幸せの限界ということです。

土台が欠落したままでは満たされない

ドーパミンの幸せは、上限がなく「もっともっと！」になっていきます。そのうちドーパミン受容体は擦り切れて、どれだけ満たしても感覚麻痺になります。すると、いくらお金を積み上げても、どれだけ高いモノを買っても何も感じなくなります。

ラットの研究をご存知ですか？

ラットの脳のある部分に電気刺激が流れる実験があります。レバーを踏むと、脳にドーパミンが流れるというしくみです。ラットはきれい好きで知られており、部屋を掃除したり、子供をかいがいしく育てたりと働き者です。

それがドーパミン刺激を与えられると、「もっともっと」と刺激を求めるようになり、水も飲まずエサも食べずに、部屋の掃除も子育ても忘れてずっとレバーを踏み続けるようになります。その結果、部屋は荒れ果て、子供も死んでしまうのです。

これって怖くないですか？

私がうつになって自分を大事にできていなかったとき、これが起こっていたのではないかと思います。すごく見られたい、認められたい。その思いだけで毎日を過ごしていて、行動の動機が「外向き」だったのです。外から見えるものには時間とお金を使うけれど、誰も見ていないところではおろそかにするということです。

さらに皮肉なことに、セロトニンとオキシトシンの土台がない人は、ドーパミンだけで幸せを得ようとします。

スッキリ爽やかな気分、心が穏やかで安心した気分がなければ、別のことで埋めようとするからです。そして欠落をドーパミンで満たそうと買い物したり、目標達成に明け暮れたり、仕事中毒になって残業を増やしていきます。するとますます、セロトニンとオキシトシンを満たす時間はなくなり、ドーパミンは擦り切れ、悪循環にはまってしまいます。刺激物以外、何も感じなくなるのです。

ですから、人生がうまくいかないと躍起になっている人、「認められたい」と思っている人はいったん手を止めて、**土台から埋めていく必要がある**ということです。

この理論と同じく、私も擦り切れて幸せを感じなくなったことがあります。

そこから土台を整えて今がありますが、土台があってのドーパミン活動は、自分の可能性にチャレンジするというような、健全な目標達成になっています。

また、**土台が満たされているのでブレることもなく、動機も「認められるため」ではなく「自分がやりたいから」になっています。**健全な動機なので着々と夢に向かって積み上げられて、努力を長く継続できています。

独立当初に大変な勉強代を払いましたが、私はあの体験のおかげで目が覚めました。

そして、「本当の自分満たし」が語れるようになりました。

5 「自分を超えた大きな目標」が、本当の幸せに導く

セロトニン・オキシトシン・ドーパミンが出て、スッキリ爽やか、穏やかで安心、前向きにチャレンジする気持ちが整っていけば次のステージです。ここまでくると、次は**「自分をどう生かして、全体が良くなるか」**という視野になっていきます。

エンドルフィンは脳内麻薬で鎮痛作用が非常に強いのですが、なんのためにそんな作用があるのでしょうか？

出産のときもそうですが、**「誰かのため」「何か自分より大きな目標のため」という目指すべきものがあるとこのホルモンが発動します。**このとき、**意識が自分以外の人へ向くので、エゴが発動しなくなります。**

エゴとは、自分がカッコよく見られたい、愛されたい、すごいと言われたいというような、自己愛性を持ちます。自分のために生きていればエゴはつきまといますが、

自分以外の人にある大きな目的にフォーカスが当たると、自分がすごいと言われたいという欲求が消えていくのです。

私たちの大脳は、フォーカスした情報を集める性質があります。

例えば「すごいと言われたい」というエゴが発動しているとき、皮肉なのですが、脳は「自分がすごくない情報」を集めます。そうすれば、「すごいと言われたい」という夢が叶いますよね。つまり**「今の自分にないもの」を求めようとするほど、「それらはありません」という情報を脳が認識する**ということです。

この脳の働きだと、精神的に痛みを感じてしまいます。四六時中「あなたはすごくありません」という事実を突きつけられるのですから、とても辛くてたまりません。

このことからも、自分のために生きれば精神的な痛みでやられてしまうが、**大きな目的のために動くときは「私はそれを為しうる力がある」が発動するので、脳が「あなたはそれを為しうる力がありますね」という情報を集めてくる**ということです。

そこに脳内麻薬がプラスされるので、誹謗中傷やミスがあってもダメージを感じにくなるということです。「すごいと言われなくても、やりたいからやる」だと、「私はすごい人です」と脳が認識するので、その事実を集めてきて自信が湧くということです。**「脳は反転してものを見る」**のです。

◆周りを豊かにすると、自分も豊かになる

私は視野が狭かったので、会社員時代は自分のことしか考えていませんでした。「バカに見られたくない」「すごいと思われたい」と、そこにばかりフォーカスしていました。周りが笑顔になるためになんて、一度も考えたことがありません。

それがうつと難病になったことで、**「私はこれまで一度でも、人に与えたことはあっただろうか？」**と振り返ったのです。

もちろん体調不良でしたので、先に体調を良くするために、セロトニン・オキシトシンを満たしました。体調不良があれば、きつくて周りのことまで目が行きませんから。それが体と心のケアをすることで、周りが見えるようになりました。「今の自分だったら何ができるだろう？」と考えて、少しずつ自分の枠を超えていけたんです。

独立してからは、この法則に従って自分を満たし続けました。自分をしっかり満た

すほど、体も心も安定して「(他の人などのために) 自分にできることは何か?」と、**自分の外にフォーカスできる**ようになっていったのは大きな変化です。

この視点がなければ、誹謗中傷も多い中、健全なメンタルを保てなかったでしょう。発信し始めの頃はブログを書いていましたが、「何を言われるか」「どう思われるか」が気になって仕方ありませんでした。怖くてたまらなくて、ブログを書いた直後、スマホをクッションの下に埋めていました。

ところが今は「この法則で多くの人が早く、自分満たしを完了して、豊かな才能を発揮してほしい」という大きな目的を持っているので、誹謗中傷されようが、何を言われようがどうでもいいと思っています。

好かれようが嫌われようが、どうでもいいのです。土台が安定しているし、きっとエンドルフィンが出ているのか、痛みに強くなってきたように思います。

よく夫には「メンタルが弱い人を豆腐メンタルっていうけど、君は固形にもなってない、豆乳かヨーグルトメンタルだね」と言われていました。最近では「ブレない芯ができてきたね。固形になってるよ」と褒めていただけます (笑)。

神様ってなんてすごい機能を、人間に搭載したのだろうと思います。

「天国と地獄の食事の話」を知っていますか？　天国と地獄では、食事のときに長いスプーンを使います。地獄では、みんな自分のことばかり考えますから、長いスプーンでは自分の口に食事を運べず、餓死してしまいます。一方で天国では、みんなが長いスプーンを自分ではなく、相手の口に運ぶために使います。するとみんなで分け合って、美味しく、おなかいっぱい食べられるのです。

自分のことだけ考えていては餓死します。けれども、周りを豊かにすることを考えると、結果的に自分も豊かになるということです。

ただし気をつけなければいけないのは、人に与える前に、**「人に与えられるほど、満たされた自分であること」**が大事です。

今はまだ人に与えられる余裕がないという場合は、体の立て直しをして、次に心の立て直しをして、まず自分が幸せになることです。それはワガママではなく、周りへの愛なのです。

その上で、長いスプーンで人に与えられるようになっていくといいですね。

6 血液のミネラル分を整えると、イライラが消えていく

潜在意識や心理学、マインドフルネスなど心を整える方法はたくさんあります。でも、それらにお金を出して学んでも、あまり効果がないという人もいるようです。

私の場合、攻略ポイント②でお伝えする心を整える方法で状態が良くなったものの、「最高！」と言えるレベルまで上がらず、「どうしてだろう？」と研究をしていました。

そして気づいたのが**肉体のケア**です。

ホルモンを整えるにあたり、同じく重要なのが**「血を整えること」**です。

血液の量自体が少なければ体温にも影響し、耳が聞こえにくい、自律神経失調症、貧血などさまざまな不調を及ぼします。また血液の質が悪ければ、鉄欠乏性貧血になったり、赤血球が壊れやすくなったりします。このため息切れしやすく疲れやすく

なり、眠りも浅くなります。慢性疲労も、実は血液状態から来る場合が多いです。

私自身は後述する食事の影響で、**貧血状態**でした。それに気づかず、しんどくてイライラしてキレやすいのは自分の性格のせいと思い込んでいました。

なぜ気づかなかったかというと、健康診断ではそこまでわからないからです。健康診断の基準値は、あくまで病気になるレベルであり、日常生活が送れないレベルがひっかかります。

私がお話ししているレベルは、私たちが笑顔でポジティブでいられるレベルを指しています。そのレベルに達するには、普通の健康診断で気づくことはないということ。

私が気づいたのは、「諸症状は貧血のせいではないか？」と思い、自費でチェック項目が多い血液検査をしたためです。検査結果はひどいものでした。体内が酸性になっていることで赤血球が壊れやすく、小さな赤血球ばかりの状態だったのです。そのせいで酸素運搬量が少なく、イライラしやすいということでした。

このような血液状態の人は、実は非常に多いのです。私と似た症状の方に血液検査をすすめて結果を見せてもらいましたが、同じように血液状態が悪かったのです。その方たちはいつも疲れやすい、ネガティブになる、憂鬱な気分が続くといったものでした。自分の性格が根暗だと思っている人も、**性格ではなく血液状態が原因**という可能性もあります。これは大きな病気にならなくても、人生に大きな影響を及ぼします。

血を整えたことで性格だと思っていたすぐに落ち込む、疲れやすい、イライラしやすい、くよくよするのはすっかりなくなりました。今では落ち込むこと自体がほとんどありません。以前は365日中、365日がネガティブでイライラしていたのに、今では年に数日程度です。それも、ホルモンや血、食事や生活習慣を整えたからです。

昔ながらの食事でミネラルを摂ろう

具体的に**血の何を整えるかというと、ミネラル分です。**ミネラルとは**ナトリウム・カリウム・カルシウム・マグネシウム・リン・鉄・亜鉛など**を指します。

これらが不足すると、私たちの体は機能しなくなっていきます。にもかかわらず、現代の生活ではミネラル自体が少なく、また流出しやすい環境です。ミネラルとタンパク質を確保すると血が整います。

食事面でいうと、ミネラルの摂取自体が少なくなっています。それは食生活が欧米化したことが大きな原因です。もともと日本人の食生活は、ミネラルが豊富でした。水は山水を使っていたこと。**山水は土壌のミネラルを多量に含むので、そもそも水自体が良質でした。そして、化学肥料を使わなかったので土壌のミネラル自体も豊富。**豊かな土壌で畑を耕して、野菜を育てていました。食事のメインは魚で、庶民は**青魚**を中心に食べていましたよね。**漬物**もよく食べていましたが、漬物にはミネラルが多く含まれています。

つまり、見た目は華やかさがない粗食が、日本人の体には合っていたということです。昭和世代は朝食に**めざし**が出たのではないでしょうか。おやつにもめざしを食べていましたよね。その頃は今ほどうつ病も多くありませんでした。

今は食事といっても、昔ながらの和食を食べている人がどのくらいいるでしょうか？　実際に何を食べているかを聞いてみても、朝はパンと野菜ジュース、昼はパスタ、夜はお惣菜という人も多いです。また甘いものを習慣的に食べる方もたいへん多いです。私たちは**体に合わないものや糖分を多く摂取すると、その代謝でミネラルを消費します。**ただでさえミネラルが少ないのに、余計なものを体に入れるだけでミネラル流出が起きてしまうのです。

私は会社員時代、製薬メーカーの営業職についていました。精神科で抗うつ薬を販売していましたが、何軒もの精神科、メンタルクリニックを訪問して気づいたことがあります。それは患者さんの**「食生活が悪い」**ということ。うつや精神疾患で来院する方は、食生活が乱れているのです。ひどい人はほぼ毎食がコンビニ弁当、ジャンクフード、菓子パン、スナック菓子。たくさんの薬があるのに病気の人が減らないのは、食べ物が悪いからです。もちろん、このようなことはテレビでは放送されません。なぜならスポンサーの多くは食品会社だからです。

もしあなたがいつもポジティブで運が良い人になりたいなら、人生を素晴らしいものにしたいなら、ホルモンと同じく食べ物にも気をつけましょう。

何を取り入れて、何を取り入れないかは詳しく後述します。

7 体温を上げて筋肉を増やし、「ご機嫌な体」を作る

あなたの平熱は何度ですか？
今、体温が低い人がとても多いのです。**目指す平熱は36度後半です。**35度台の人も平気でいますが、大病になる可能性が非常に高いです。体温が低いとネガティブになるし、だるくて体が動きにくいです。これの何がいけないかというと、一日中ダラダラ過ごしてしまうのです。最高の人生を叶えるのに、ダラダラ癖やめんどくさがりはやめる必要がありますが、**体温が低いとやる気が起こらない**のです。

実際、私が難病になった頃は平熱が35・6度くらいでした。自分をいたわることがいけないことと思っていたので、お風呂にゆっくり浸かることもありませんでした。食生活も乱れて、筋肉も少なかったので冷え性でした。性格は暗くて陰気だったと思います。その頃は「こんなふうになりたい」という希望はあるものの、なかなか動こ

うという気になれませんでした。「意思が弱いんだ」と思っていましたが、今思えば動ける体ではなかったということです。

病気になってまずやったことは、**お風呂に入る**ということです。

お風呂は体を洗うだけの場所ではないって知っていましたか？　熱い湯に浸かることで**末梢血管が開き、全身の老廃物がデトックスされる**のです。また、**体温が37度以上になれば免疫も活性化します。**そこにミネラルを経皮吸収できるエプソムソルト（硫酸マグネシウム）や良質なバスソルトを入れれば、**ミネラル補給**もできます。ミネラル補給に牡蠣《かき》などの貝類摂取が有効ですが、それに付随する重金属のデトックスにもエプソムソルトは良いでしょう。

これから運を上げていきたいなら、お風呂を使わないなんてもったいないです！　汗をかくことでむくみもとれ、一石五鳥ほどのメリットがあります。

また、**お風呂のあとにストレッチをするのも大事**です。昔のように農作業もなく、運動する習慣もなければ体は硬くなるばかり。デスクワークで座ってばかりいると、おしりや背中の大きな筋肉も凝ってしまいます。体温が下がる理由のひとつに、筋肉が凝っていることもあります。ゆっくりストレッチすることで**血液が末梢まで行き渡り、体温が上がる**のを感じられます。

最近ではスマホのしすぎで首や肩甲骨、背骨が凝っている人が多いです。この部分が凝っていると自律神経失調症になってしまい、眠りが浅くなってしまいます。

椅子に座っていると、おしりの筋肉が硬くなります。すると背骨の動きが悪くなります。あわせてパソコンやスマホで腕が前に出すぎて、肩甲骨の位置が外へずれます。

ずっとこの姿勢になると背中の筋肉も固まり、その影響でますます背骨が動きづらくなるのです。背骨が動かないと、次は肋骨の動きが悪くなります。こうして呼吸が浅くなり、酸素不足によりイライラしてしまうのです。

ブルーライトを浴びすぎるのも良くありません。基本的に夜18時以降のスマホは禁止して、ゆったりとお風呂に入りストレッチをする陰の時間にあてると良いです。

自分を長持ちさせるためにも、**オフの時間はルーティンに入れてしっかりとケアす**

ることが必要です。これが周波数を上げるコツでもあります。私たちは自分の中にあるイライラを、外に映し出します。つまり自分の姿勢が悪くて酸素不足になりイライラしているのに、パートナーや職場の同僚にイライラしてしまうのです。でも、自分の肉体をケアしていないのは自分の責任なのです。

筋肉量を増やすことも大切

また、**イライラしやすい人は筋肉量が少ない**のも特徴です。女性のほうが、男性に比べて感情的な人、ネガティブな人が多いですね。それはホルモンと筋肉量が関係しています。**筋肉量が少ない＝体温が低い**ということ。

女性は20代以降、筋肉量が低下する一方です。意識して筋肉量を維持しなければ、自然に増えることはありません。とくに現代の生活で、昔のような重労働の農作業はありませんよね。冷房のきいた部屋でデスクワークが多いでしょう。

そういう人は余計に、イライラしやすくなってしまいます。なぜなら下半身の筋肉量が少ないと、足がむくみやすいからです。むくむと血管が圧迫されて血液が通りにくい＝酸素運搬が邪魔されて貧血状態になるので、イライラしやすいです。

とくに生理前はホルモンの関係でむくみやすくなるため、意識的に汗抜きをしましょう。お風呂にカッパを着て入ると汗抜きしやすくなりますのでおすすめです。

筋肉量が少ない女性は積極的に**下半身の運動**をおすすめします。あわせて入浴でミネラル補給と汗抜きをすれば、落ち込みにくい体質が作れますよ。セロトニン・ビタミンD・メラトニンも出る**朝のウォーキング**が手っ取り早いですね！

ただし、激しい筋トレは逆効果。ドーパミン過多になります。

とはいえ、いきなり運動から始めてもしんどくてできない方もいるでしょう。その場合、栄養分が足りておらず貧血になっている可能性があります。運動よりも大事なのは実は食事です。

8

タンパク質が主体の和食を摂って、栄養の土台を築く

セロトニン・オキシトシン・ドーパミン・エンドルフィンの幸せホルモンが大事ということがわかっていただけたと思います。ですが、それらを作る材料がなければ、幸せになることはできません。材料とは？　それは**栄養**です。

今は飽食の時代で、食べ物も安い値段で買うことができます。ですが**栄養失調の人が多い**って知っていますか？

食べ物の種類や量は増えている一方で、必要な栄養が含まれた食材を摂る機会が減っているのです。またそれらの栄養素を摂っても、吸収されない消化管の状態になっています。あわせて、摂った栄養素がストレスで流れ出ている状態。

自分らしく豊かな状態を作りたいのであれば、まずやるべきことは**「がまぐち食」**にすることです！

がまぐち食を簡単に言うと、**タンパク質を主食にした新しい和食スタイル**です。例えばカツオのたたきを2人前にお味噌汁、ひじきの煮物、漬物、ごはんという順に食べていきます。**基本的に小麦粉は使いません。油や砂糖もほとんど使いません。**この食事を三食摂ることで必要な栄養を取り入れることができて、早い方では2週間で性格が変わります。

私が精神科の営業職だった頃、精神科がたくさんある地域を車でぐるぐると周回して街を観察していました。メンタル不調と日々の暮らし方に何か関係があるのではないかと感じていたからです。

すると、精神科やメンタルクリニックが多い地域のスーパーでは、菓子パンやケーキ、ジャンクフードが多く売られていることに気づきました。

精神科の数が少ない地域では、所得が高い人たちが住んでいます。その辺りのスーパーでは、肉や魚の生鮮品が豊富に売られています。ジャンクフードが体に悪いのはなんとなくイメージはできても、まさか**小麦などでも遅延性アレルギーを引き起こしている**とは思わないですよね。でも事実、「普通」に食べられているものが体と心の不調を引き起こすものだったのです。精神科で抗うつ薬を販売していた頃から、「薬で病気は治らないんじゃないか」とうすうす思っていましたが、まさか**生活習慣や食事**という身近なところに原因があるとは気づきませんでした。

大事なのはなんといっても**体に合わないものを入れないことと、タンパク質メインの食事にすること**です。ビタミン・ミネラルも十分に摂りましょう。

今の食事は、DNA的に日本人に合わない食事も実はたくさんあるのです。その主たるものが砂糖・小麦粉です。そもそも**日本人は粗食で、畑で採れた野菜と米、主食に魚、漬物という食事**でした。戦後、条約を結んで食糧を外国から購入しなければいけなくなり、大量の砂糖と小麦粉が日本に入ってきました。

これらの食べ物は中毒性があり、一度食べるともっと欲しくなります。ドーパミン受容体を刺激するものだからです。ですから、食べるほどに「もっと欲しい！」と脳は勘違いします。でも、食べるほどに体は酸化し、ミネラルが流出し、気分がネガティブになります。霊的にも体が酸性になると「憑《つ》きやすくなる」と言われます。

実際にこれらの食べ物が体に合わず、遅延性アレルギーを引き起こしている方はとても多いです。遅延性アレルギーは即時性アレルギーとは性質が異なります。即時性アレルギーはそばを食べて喉が腫れる、牡蠣にあたって嘔吐するなど、すぐに反応が現れます。一方で**遅延性アレルギーは反応が小さく、さらに時間差で出ることから気づきにくい**のが特徴です。

よくあるのは不眠、やる気が出ない、肩が凝る、おなかが張る、疲れやすい、肌荒れする、アトピーがある、イライラする、集中力に欠ける、落ち込みやすい、むくむ、冷える、めまい、頭痛、口内炎、喘息などです。これらの症状を薬で治療しようとしても、それを引き起こす物質を除去しなければ症状が消えることはありません。

最近ではグルテンフリーも流行っていますが、**日本人の約8割が小麦粉に含まれるグルテンにアレルギーがある**と言われています。花粉症が増えましたが、それが戦後からというデータもあります。つまり**食べ物が変わってからアレルギーが増えた**ということです。ベースに食物アレルギーがあり、そこに別のアレルギー物質が入ることで発症するということです。実際、花粉症やさまざまな難病にかかる方は小麦粉を常食している方が多いです。「日本文化」の代表のように言われているうどんや天ぷらも、実は本格的な普及は戦後になってからであり、歴史が浅いのです。お好み焼きやたこ焼きも同じです。せっかくお金を出して食べ物を買って、それで病気やネガティブな気分になってはもったいないと思いませんか？

小麦粉に含まれるグルテンは、腸粘膜を炎症させると言われています。これはリーキーガット症候群と言われて、近年注目されています。添加物を摂らない、タバコを吸わないなど健康に気をつけている人は増えましたが、小麦粉を摂らないという選択までしている人は少ないかもしれません。

ですが腸粘膜が炎症することで、せっかく入った栄養分が吸収されなくなってしまいます。それではせっかく高いお金をかけて健康的な食事を作っても無駄になります。

また、体内で常に炎症が起きていると、その炎症を抑えるために免疫力が消費されてしまいます。風邪をひきやすい、だるい、疲れやすい、自己免疫性疾患がある方は体に合わないものを食べることで遅延性アレルギーが起こり、免疫力が落ちているでしょう。私は年中風邪をひいていて、腹痛があり、肌荒れもひどかったです。それが「がまぐち食」に変えてからは、体調を崩すことが本当に減りました。腹痛や肌荒れもなくなり、ごきげんな時間が増えています。ポジティブな体を作るにはセロトニンとオキシトシンが重要ですが、その前に体を動かす栄養素を取り入れることが大事。もっと言えば栄養素の前に、それらを妨げる要因を取り除く必要があるのです。

血糖値を上げないことも重要です。

カレーライスやパスタを山盛り食べたあとに、クラクラする感覚ってわかりますか？　あれがまさに血糖値が上がっている状態です。血糖値が上がっているとき、そこから下がっていくときに、うつ状態になります。消化のために血液が胃に集まるので、他の場所に必要な血液が足りなくなるのです。血糖値が上がると、だるくなって何もしたくなくなります。横になると寝てしまい、やる気もなくなってしまいます。せっかくの食事で栄養を入れても、これでは時間がもったいないですね。

あれもダメ、これもダメだと一体何を食べたら良いかわかりませんよね。

そこでおすすめするのが「がまぐち食」です。タンパク質の主菜、味噌汁、野菜（食物繊維）、漬物、無農薬の米（分づき米にしてミネラル分を残すのがポイント）、緑茶というものです。一番お金をかけるのはタンパク質の主菜です。

これまではごはんなどの糖質が中心で、次に野菜、最後にタンパク質という順番で食べましょうと習ったと思います。けれどもメインはタンパク質であり、次に野菜、最後にごはんを食べるという順番です。その理由は、ごはんなどの糖質を先に体に入れてしまうと消化が糖質メインで働いてしまい、タンパク質の吸収がおろそかになるからです。**私たちの体に必要なのはタンパク質です。タンパク質がなければ幸せホルモンのもとは作られませんし、血液も作られません。新しい細胞も作られないので体が劣化していきます。**

実際にこの食事に変えてから、私は不定愁訴と言われるわずかな体調不良がなくなりました。夜眠れない、集中力がない、間食してしまう、疲れやすい、イライラする、モチベーションが湧かないのも実は食事が大きな原因ということもあります。

これらの症状は、マインドを整えるだけでは修正することができません。マインドは健全な体からできるもの。体温を高く保つためにも、十分な栄養を体に入れて、不要なものをやめる必要があります。

まずは栄養の土台を整えよう

タンパク質は卵、魚、肉ですがこれを毎食のメインにします。 家計的には主菜をタンパク質にすると、食費がかさむ懸念もあるでしょう。

ですが、病気にかかりにくくなり、ネガティブが減ることで治療費やストレス発散で使うお金は減るため、全体で見れば出費は抑えられます。ここでお金を使わずに渋ってしまうと、病気の治療や仕事ができなくなるなど、他の面で大きなロスが出てしまいます。試しに2週間やってみて、効果を実感していただければと思います。

私は甘いものが大好きで、お菓子やケーキ、フルーツも大量に食べていました。

それらが主食だったため、「これがダメなら、何を食べたらいいの⁉」と思っていたくらいです。思い切って2週間、完全に甘いものや小麦粉をやめてタンパク質メインの食事にしてみてください。最初は消化が難しいかもしれませんが、2週間後には嘘のように体が楽になって、極度に甘いものを欲することは減るでしょう。少しでも食べると、ドーパミン回路がまわって「もっと欲しい」と余計に食べたくなります。

私のセミナー受講生さんにも実験してもらいましたが、たった2週間で3キロ痩せたとか、あまりパンやパスタを欲しなくなったとか、だるさがなくなったという実体験が寄せられました。

「減らす」よりも、2週間程度完全に「断つ」ほうが楽になりますよ。

ベジタリアンという方もいるでしょう。私も20代にマレーシアに留学していたことがあり、イスラムの友人も多かったため、ベジタリアンになりました。動物好きということもあったので、肉も魚も食べていませんでした。

ですがその後、体調不良になり病気に繋がっていきました。いろいろな信条があるのでなんとも言えませんが、体調不良があるならば食事を見直したほうが良いでしょう。私はタンパク質メインのがまぐち食で、みるみる元気になりました。栄養が回るとやる気も出て、やりたいことがあると体がサクサク動いてくれます。

私はやる気がなかったのではなく、栄養不足だったと気づきました。

甘いものやパン、パスタなどを欲してしまうのは別の理由もあります。

それは**糖の代謝回路がメインに回ってしまっている**ということです。糖が体内に入ると、それを分解して栄養に変えようとするルートがあります。そこが回ってしまうと、もっと糖質を欲してしまいます。そして、糖の回路がメインで回っているということは、**タンパク質やミネラルの代謝回路**が回っていないということ。私たちが意欲的で身軽な体で活動するには、この代謝ルートが必要です。

ですが小麦粉などによって腸粘膜が炎症し、タンパク質やミネラルの吸収が悪くなると、糖の回路を回すしかなくなってしまいます。これが甘いものをやめられない理由です。そのまま食べたいものだけを食べていれば、糖の回路依存になり抜け出すことができません。するとイライラしやすく感情の起伏が激しくなります。この状態では、自分らしく豊かな人生はとても生きられないでしょう。

「自分を愛しましょう」といって甘いものを常食し、スイーツブッフェに行くことはむしろ自分を痛めつけることなのです。甘いものがやめられない人ほど、タンパク質を積極的に摂るべきです。ミネラル不足が理由で、甘いものをより欲するからです。

そのまま甘いもの中毒になれば、消化する際にミネラルをごっそり消費してしまうので、ますます甘いものを欲してしまいます。

また、「胃腸が弱くて肉や魚を食べられない」という方もいるでしょう。私もそうだったのですが、そういう方は**消化酵素**が不足しています。消化しやすいからと糖質ばかり食べていると、タンパク質から構成される消化酵素ができなくなります。食が細い方、年齢が上がって食べられなくなった方は、消化酵素が減っているのです。

その場合、がまぐち食でまず、タンパク質から食べるようにします。それでおなかがいっぱいになるくらい食べて、その次に野菜やごはんを食べましょう。一食で120gくらいの肉や魚が摂れれば、だんだんと消化酵素ができて胃もたれも減っていきます。食べられる量が増えていけば、意欲が湧くのも感じられるはずです。

本当の意味で「自分を愛する」とは、栄養の土台を整えてセロトニン・オキシトシンを安定させることなのです。その上で、やりたいことをやってドーパミンとエンドルフィンを出していきましょう。

9 「心を安定させるしくみ」は、和の暮らしに潜んでいる

日本の伝統文化といえば、茶道や華道、香道などがあります。これらの文化のすごい点は、**静かな時間の流れの中で意識を集中することで、瞑想効果を得られる**ことでしょう。何かに集中して深い呼吸を繰り返すと、オキシトシンが出てきます。オキシトシンが出ることで心が安定し、感謝の念が湧いてきます。

着物も日本文化ですが、「これはオキシトシンを出すために作られた、ギプスではないか？」と思うくらい優れています。着物を着て帯を締めると、自然と呼吸が深くなって腹が据わった感じになります。不思議なのですが紐と帯で肋骨を締めることによってあばら骨が浮かず、体の奥深くまで呼吸が入るのです。帯で締めているほうが、呼吸がむしろ楽です。洋服だとあばら骨が開くため、胸だけの浅い呼吸になります。

下駄も不思議なアイテムです。本来下駄は、天（足を乗せるところ）が平らです。

平らなところに足を置き、鼻緒を指で掴むことにより、自然と骨盤が立ちます。その状態で呼吸するとより楽になり、着物を着たほうが体が楽になるのです。

ヨガでクンダリーニといわれるポーズがあります。このポーズは気を体外に漏らさないようにすることで、疲れにくく軽い肉体と精神を手に入れるというものです。別の言い方では、性エネルギーの充填とも言われます。

クンダリーニでは肛門を締めるということが重要視されています。なぜなら肛門から気が漏れて、邪気が入りやすくなると言われているからです。この**肛門を締め続けるのにも、実は着物がうってつけ**なのです。むしろ「着物は、クンダリーニで気を漏らさないために作られているのでは？」と考察しているほどです。

着物を着ると、肩甲骨が後ろに寄り、肩が下がります。

帯をすることで肋骨が下に抑えられ、呼吸が深く入ります。肋骨が抑えられて呼吸が深くなると、横隔膜が下がります。幸せホルモンは横隔膜が十分に動くことで出ると言われており、実際に寝巻きに浴衣を着ると、呼吸が深くなって眠くなります。副交感神経に切り替わるのがすぐにわかります。

着物を着ると普通、腰紐や胸紐など、最低3本は紐を締めるのですが、この位置が骨盤を立てて、肋骨が開かないようにする位置なのです。帯の中には帯枕が入りますが、これがちょうど胸椎に当たることで腕が巻き肩になりません。着物を着ると体の歪みが取れるので、私は調子が悪いときほど着物を着たくなります。

このように着物を着ることで、姿勢が正しくなり、背骨のアライメントが整っていきます。これも、**「背骨が正しい位置にくることで、直感力が増すためではないか？」**と考えています。

着物で和装だった時代の日本人の精神力は頑強でした。幕末の激動を経て明治維新を迎え、世界大戦に突入しても強い精神が揺らぐことはありませんでした。これも、着物を着ていたことで気が漏れなかったからではないかと思います。

姿勢が崩れると、良くないものが憑くと言われています。運が悪いと嘆く人には、姿勢が良いイメージってないですよね。気が漏れ、姿勢が崩れることで精神力も弱り、すると自分らしさを失っていくのではないでしょうか。私も病気をして自信がなかった頃、とても姿勢が悪かったです。

「着物は値段が高い」と言われます。確かに普段の衣服として考えると高いでしょう。ですが呼吸が落ち着き、安心感を得られる点、気を漏らさず自分らしさを確立できる点、繰り返し同じお気に入りを着られる点を勘案すると、安いと言えるのではないでしょうか。ぱっと見の値段以上に、見えない奥ゆかしい価値があると思います。

そして**「和の暮らし」自体が、気を漏らさないトレーニングだったのではないか**と考えています。和式のトイレは今や少なくなりましたが、蹲踞《そんきょ》という姿勢をとります。これは股関節のストレッチに有効です。また、正座することでおしりが硬くなるのを防ぎ、背骨のアライメントを保つ働きがあったのではないかと考えています。

日本人を作ってきたものは、野草や大地の恵みをいただくような、土地に根付いた暮らし、和服、和の暮らしだったのではないでしょうか。和の暮らしは、四季を感じる暮らしです。見た目にも華やかさはありませんが、五感を使うことでオキシトシンが刺激される、豊かな暮らしだったのです。

そして、いろいろな日本文化に共通しているのが、**「静かに集中すること」**だと思います。ワイワイ人と話しながら、というよりも、静かに自分と対話するものが多いですよね。生け花でも、花と対話して「どう生けてほしいのか」に耳を傾けます。そして集中して作品を作ることで、深い瞑想状態になるのです。

「感じる時間」を増やしていこう

瞑想は、座ってじっとするものとは限りません。

動的瞑想といって、体を動かしながら呼吸に集中し、無になるものも瞑想です。そしてこの時間だけでも没頭することが大事です。没頭することで、忙しく働く大脳がいったん静かになります。すると直感的な中脳が働くことで、ひらめきが降りてきやすくなります。このような時間を定期的に持つほうが、あれこれ考えて脳が忙しくしているよりもよほど良い影響があります。

大脳が働き続ければ、ネガティブなことばかり考えてしまうからです。大脳は「何か不具合が起こらないように」、いつも気を張っている状態です。つまり、放っておくと勝手に最悪の事態を想像してネガティブになるということです。

「運が良い顔」があるといいますが、豊かそうで、余裕があって、おだやかな顔です。人相学（顔相）でも、顔は脳内の様子がそのまま現れたものと言われています。

眉間にしわが寄って余裕がない顔をしているということは、普段から余裕がない思考回路を使っているということです。どのような思考を普段しているかで、顔立ちがガラッと変わります。「運が良い顔」を作るにはどうしたら良いのでしょうか？

その答えは**「何も考えずにぼーっとする時間を持つこと」**です。別の言い方をすると、大脳であれこれ危機管理を考えずに、五感を使って「感じる」時間が多いほど、良い顔になっていくということです。

私は学生時代も会社員時代も、そんな「ぼーっとする時間」は無駄だと切り捨ててきました。そんな時間があるなら、少しでも勉強して追いつかないといけないと思っていたからです。けれどもこの法則を知って、順序を逆にしてみようと思いました。そして**五感を使う時間を積極的にとるようにしましたが、本当に運の流れが変わりました。より本心で選択できるようになり、恐怖心や焦りからの選択が減ったのです。**

もともと茶道も華道も能も、武道に近いものであったようです。これらの芸道では、呼吸や所作を通じて感覚を研ぎ澄ませることができます。このような一見、生産的でない時間をとったほうが、逆により生産的に活動できるので不思議です。

こうした芸道の習い事を取り入れると、気持ちの乱れが減りますのでおすすめです。

ここまでお話ししたように、自分らしく豊かに生きるには土台が必要です。

次からはようやく、心のお話です。

心のがまぐち
攻略ポイント 2
心のサビを落とす

1
怖れを生む「心のサビ」が、新しい選択の邪魔をする

軽くて動ける体作りができれば、ようやく心の調整に入ることができます。ここまでの体のケアで、体温が高くて落ち込みにくい状態を作らなければ心のケアをすることができないのです。

これまでも潜在意識や心理学、スピリチュアルなどを学んでも変化がなかったという方がご相談に来られました。けれども、**心を解決するには素地が必要です。健全な心は健全な肉体に宿るからです。**

体がだるい、むくんでイライラする、貧血でキレやすい、憂鬱な状態でいくら前向きに考えようとしてもしんどいですね。憂鬱な気分で動けない体だと、「これをやりたい！」と思っても体がついてこないので、余計にイライラして嫌になってしまいます。今何をしたら良いかわからない場合も、まずは体の立て直しから始めましょう。

よくある間違いが「あなたはそのままでいい」「ありのままでいい」という考え方です。心のことを学ぶと、必ずこのフレーズに出会います。今まで自分を抑えて生きてきた私にとって、このフレーズはとてもありがたく感じました。

一方で、「そのままの自分でいいんだ！」と自分に都合の良い解釈をしてしまい、「何もやりたくなくてダラダラする自分」はそのままで良いと思い込んでいました。それを容認した結果、体調が悪くなってすべてがうまくいかなくなったのです。

体調が悪い人が、「そのままでいいよ」を鵜呑みにしてそれまでと同じ生活習慣を続けていては、良くなることはありません。なぜなら体調不良もネガティブも、多くは生活習慣からきているからです。基本的な食事や運動などの生活を整えたうえで、元気になって「ありのままでいいよ」が通用します。そこまでいけば、やりたかったことをどんどん自分にやらせてあげれば、人生は開かれていきます。

体調が良くなれば、小さなことで良いので「やりたいこと」を自分にさせてあげましょう。そのときにいくつか気をつけることがあります。それが、「お金が稼げそうだから」とか、「これをやったら社会的に尊敬されるかな」という気持ちからやらないということです。たとえ世間的に尊敬されないようなことでも、お金が稼げなくても純粋な「やりたい」を叶えてあげれば良いのです。

例えば「コスプレしてみたい」と思っても、よくあるのは「そんなの子供っぽいし」「この歳だし」「お金がかかるし」「そんなことやっても意味がない」などとジャッジしてやめてしまうことです。このジャッジを除去していく必要があります。

◆「ネガティブな思考パターン」が足を引っ張る

「どの部分を除去するか?」というと、自分の中にある「ネガティブな思考パターン」を特定して手放すのです。お金がないから、恥ずかしいから、失敗するのが怖いから…、やりたいことがあっても、いろんな理由でやらないようにしているということです。そうすると、せっかくうまくいくはずの流れが断たれてしまいます。

基本的なルールですが、**私たちは自然発生的に「こうしたいな」と思うことをやっていけば、繁栄するようにできています。**それなのにうまくいかないのは、自分でうまくいく流れを邪魔しているということです。その自分を邪魔する流れは、過去の経験からきているものが多いです。幼少期の経験、前世の出来事、社会的なものなどさまざまですが、まずは生育環境で獲得したネガティブな思い込みを外しましょう。

例えば人生がうまくいかないという方でよくあるのは、「自分にはできない」という思考パターンです。私たちは子供の頃に経験したデータをもとに、「自分はこんな人間である」と定義づけます。つまり、これまで生きてきた人生でうまくいった経験がなければ、「私はできない人間だ」と思い込んでしまうということです。

それだけではなく、たとえできていても親が褒めてくれなかった場合も「私にはできない」が形成されます。今の社会では「褒められるべきこと」はある程度決まっています。学校の成績が良いこと、泣かないこと、継続すること、スポーツができること…特に親が「これは良いこと」と思っている価値観に合致しない場合、子供はあまり褒められる経験を得られません。

でも、親の価値観に合致しないからといって、その人が本当にできないのか？　というとそうでもない場合があります。よくあるのは、親が高学歴で優秀な人だと、「それくらいできるのが当たり前」という空気の中で育つので、人よりできていても「私は全然ダメだ」と思い込みやすいです。

なぜこのネガティブな思考パターンが良くないのでしょうか。それは、この思考パターンが夢を叶えようとする足を引っ張るからです。最近はＳＮＳで起業する方も多いですが、「私もやってみたい」と思っても、これまでにバカにされたり、いじめられたりした経験があると、ＳＮＳの発信に対する恐怖が出てくるかもしれません。

こうして、夢があっても過去の経験から**「また怖い思いを繰り返すのではないか」という恐怖心**が出てきてしまう場合があるのです。私はこれを**「心のサビ」**と呼んでいます。心のがまぐちをパッカーンと開けば、豊かさが溢れ出して自分らしい成功を掴むことができます。けれども**心のサビが、パッカーンを邪魔してしまう**ということです。「ＳＮＳで発信してみたい」と自然発生で内側から思いが湧き上がっても、この恐怖心が大きければ行動に移せなくなってしまいます。私たちに必要なのは、内側からの思いが外に出やすくするために、恐怖心をお掃除してあげるということです。

私の例でいうと、今でこそ本やＳＮＳで自分の意見を発信していますが、もともと発信はいちばん苦手なことでした。本当に自分が考えていること、感じていることを人に言うことは、最も避けてきたことでやりたくないことでした。

その理由は私の生い立ちにあると思います。私が中学生の頃に父が急死し、母子家庭で育ちました。母は慣れない介護の仕事で家族5人を養ってくれました。

母が必死に働く姿を見て、「もし私の成績が悪いとか、バカなことを言ったりしたら、あそこは母子家庭だからって笑われるんじゃないか」「そんなことになったら申し訳ない」と子供ながらに思ったのです。そこからは自分に言論統制を敷いて、自分を監視するようになりました。バカに見えることはしちゃいけない。自分の意見は抑えないといけない。派手なことをして目立ってはいけない…。


一方で、会社員をしながら「考え方を変えたら現実が変わるのか？」という実験がうまくいっていたので、「これをみんなに発信したい」という思いがムクムクと出てきていました。その思いは年々大きくなっていましたが、自分の考えをおおやけに発信するなんて怖くてたまらなくて、6~7年は悩んではやらない、という選択を繰り返していました。スピリチュアルやマインド系の本の「あなたはそのままでいい」「頑張らなくて良い」というフレーズの影響で、チャレンジしなかったのです。

ようやく決意したのは病気になってから。「自然体でいる」というのは、「こうしたい」という気持ちに素直になることであって、「バカに見られるのが怖いから、やめておこう」は自然ではないということに気づいたからです。怖がって今の自分のままでいては、変わることはありません。私たちの内側で「これやりたいな」と湧いてくるものは、幼少期に形成されたネガティブな思考パターンはもちろん、前世からの課題や今世で必要な学びなど、たくさんの宿題が含まれています。もしそれに着手しなければ、せっかくの宝箱のふたを開けずに指をくわえて見ていることになります。

心のサビがない状態が「自然体」

私たちの魂は、私たちにそんなに難しい問題を出しません。生きる目的を、わざわざ隠したりしません。目の前の現実を見れば、何をすべきかわかるはずです。それは一部の能力者だけができることではなく、誰でもできることです。

そこから逃げずに、怖くても全力を出して臨むことが大事です。そのときに、バカに見えることはしちゃいけない。自分の意見は抑えないといけない。派手なことをして目立ってはいけないという心のサビを除去して、「もしそれがなかったら私はどうするだろう？」と考えてみたのです。すると、**「バカに思われてもいいし、意見を言ってもいいなら、私はやっぱり自分の意見を発信したい！」**と思うに至りました。

「自然体」というのは、このような心のサビがない純粋な自分の気持ちが表れた状態を指します。「今のままでいい」というのであれば、今の自分のままですべての願いは叶っているはずです。もし叶っていないなら、それは自然ではないということ！「私はこうなりたい」と思い描いたものこそ、自分らしさであり自然なのです。SNS発信を始めた当時、次のことが思い浮かびました。

・SNSでこれまでの実験記録を発信したい
・自撮り写真を載せてみたい
・自分が本当に思っている「人生が変わるコツ」を伝えたい
・自分が失敗した話を公開したい
・本名で発信したい

どの項目も、いちばん抵抗があって今まで絶対にやりたくないと思っていたことです。でも、よくよく分析していくと、あることに気づきました。例えば「SNSでこれまでの実験記録を発信したい」にしても抵抗があったのですが、厳密に言えば抵抗があったのは「SNSで発信すること」ではありませんでした。「SNS発信で自分の失敗ばかりの実験記録をつつみ隠さず人に話すこと」に抵抗があったのです。

それまでの私は、自分がバカに思われることは絶対人に話しませんでしたし、バカに見えることも絶対にしませんでした。仲の良い友人であっても、弱音や本音を言えなかったのです。いつもノートに細かく分析を書くのですが、当時も「私が本当に怖れているのは、自分の本音を言うことだ」と気づいたのです。

なぜなら、**心のサビとして「私はバカだ」が眠っていた**からです。私は「バカに見られないように」生きてきた結果、「私はバカな人間です」「だから言論統制をしないといけないんです」というように、自分を知らない間にバカ扱いしていたということです。私が本当に手放すべきはこの自分への扱いだと気づきました。そのため、「バカ扱いを手放すためにあえてSNSで練習しよう」と決意をしたのです。

その他にも自撮り写真をやってみたかったのですが、バカに見えるんじゃないかと、自撮りをしたことがありませんでした。むしろ写真に撮られるのが苦手で、いつも断っていたくらいです。これも同様に掘っていくと、「私は人に見られるほど自信がない、魅力がない」と自分で思っていることに気づきました。
ここでまた自撮りから逃げていては、同じことの繰り返しになる。せっかく「自撮りしてみたい」と思ったなら、やってみよう！　と決意しました。つまり自撮りを通じて、「私には魅力がない」という心のサビを落としていったということです。

自分の願いが出てきたときに、「やっぱりやめておこう」という「やらない選択」をする人が9割だと思います。私も何年も「やらない」を選択していました。でも心の底ではもんもんとしていたというか、うすうすわかっていたんです。「流れを変えるなら、これに取り組まないとだよなあ」と。
私が何年もなぜ変わらず苦しんでいたかというと、ずっと同じ心のサビを使っていたからです。「バカに見られたくない」という同じ思考パターンを繰り返していても、人生が大きく変わることはありませんでした。

時代は変わり、ブログや写真などの文字と写真の媒体からYouTubeなどの動画媒体に変化していったときもそうです。私は話すのが苦手で、これまで言論統制を自分に敷いていた結果、口があまり開かなくなっていました。口の筋肉を使っていないので、固まってしまったのかもしれません。

YouTubeを始めるには相当な抵抗があり、もはや苦手で避けたいものでした。でもここでも「どうして嫌なの？」を掘っていくと、出てくる、出てくる心のサビ！

・自分の意見はとるにたりないから
・きれいじゃないから
・スラスラ話せないから

など、「やらないほうが良い理由」ばかりが出てきました。そして、その根底に「ちゃんとした意見を話さなければいけない」という強烈な言論統制が出てきました。

ここでも、「もしやらなければ、ずっと越えられないんだろうな」と思い、やろうと決意しました。そのためにボイストレーニングに通い、発声練習をして、口を横に開ける筋トレを行いました。また、10分というまとまった時間で話すことが苦痛でたまらなかったので、最初はすべて台本を書いてその通りに話していました。

撮影のたびに嫌で逃げたくなりましたが、「あなたの意見はみんなに喜ばれるよ」

と自分に言い聞かせて、本当にそう思えるようになるまでやろうと継続していきました。約5年続けて、最近ようやく動画が楽しくなってきました。あのとき、怖れにのまれて「やらない」を選択しなくて本当に良かったと思います。

このように、やりたいと思っていることを、いろいろな理由でやらない選択をしてしまうほうが多いと思います。でも、**本当に手放すべきは自分の中にある怖れ**です。これを間違えて、「嫌だからやりたくない！」になってしまうと、本心の取り違えが起こります。本当はSNS発信がしたいのに、「バカに見られるのが怖いから」という理由で「やらない」を選択しては、内側の欲求が満たされることがなく、楽しくない現実が繰り返されます。

心のサビを除去して、新しい自分なら何を選択するか？　その答えが正解です。

過去の自分によって形成された心のサビを使っていては、ずっと同じことの繰り返しになります。そのままでは大きな変化はありません。

過去に縛られて「今」を生きていないとは、こういうことなのです。

2 「望まない現実」が起きるのは、自分の波動のせい

心のことでいちばん基本的になる考えが、「現実はただの結果である」ということです。例えば会社の上司が怖くて嫌味だとします。そのとき、どんな気持ちになるでしょうか？　もし、「私なんていないほうがいいんだ、どうせ役に立たないからこうやって言われるんだ」と思ったならば、ちょっと待ってほしいのです。

普通一般では「そういう上司がいれば、そんな気持ちになるのは無理ないよね」と言われるところでしょう。けれども順番が逆です。

このとき、疑うべきは**「自分が持っている波動」**です。つまり、上司に言われたから嫌な気分がしたのではなく、**そもそも嫌な波動を持っていたから嫌な上司を創り出したということ**です。この順番は必ず押さえてください。

私がこのしくみに気づいたのは、転職をしたときです。前の会社で、仕事が楽しく

ないし会社の雰囲気も好きではなかったので、別の会社に転職しました。

前の会社では私にチクチクと嫌味を言ってくる先輩がいたし、誰も私を認めてくれない（ように当時は感じていた）状況でした。それが嫌で転職して別の会社へ行ったのに、なんと次の会社でも同じことが起こってしまいました。チクチク嫌味どころか、今度は大声で怒鳴ってくる先輩が3人に増えたのです！

仕事は相変わらず楽しくないし、前と同じ状況というか、以前よりも悪化した状況になっていました。子供の頃から精神世界が好きで、たくさんの本を読んでいて、波動の法則についても読んで知っていたのに、きちんと理解できていなかったのです。


結局、会社や同僚に問題があるのではなく、「自分が持っている目に見えない何か」が、繰り返し嫌な現実を作っている。そのことに転職したことで気づいたわけです。たしかに思い返せば、恋人にしても仕事にしても友人関係も、いつも同じパターンを繰り返している…この経験でようやく、**「波動が現実を作る」**という意味が体感できたのでした。

私たちは、特定の波動を「使って」います。

同僚や上司に嫌味を言われ怒鳴られる人は、「私なんていないほうが良い」という無価値観や、「できなくてごめんなさい」という罪悪感の波動を習慣的に使っているということです。このしくみに気づいたら、やるべきことは**「自分が使っている望まない波動を削ぎ落とす」**ということです。この**望まない波動が「心のサビ」**なのです。

ここで理解しなければいけないのは、**私たちの本体は霊体（魂）だということ**です。霊体が肉体を抱え込むようにしています。

目には見えないけれど霊体が本体で、肉体はその結果です。

そして、この霊体の中に私たちの足を引っ張る**邪気**や、今世必ずクリアしたい課題**（カルマ）**であり心の傷、つまり**心のサビ**が含まれています。

例えば人間関係が苦手な場合、「嫌な人がいるからトラブルが起こる」のではないのです。

霊体の心のサビとして「私は人を助けなければ、ここに存在してはいけない」を持つ人は、自立せず助けてほしいとすがりつく念をあちらこちらで拾ってきます。

私たちの本体である霊体の中に「心のサビ」や「邪気」が潜んでいる

☆……心のサビ（＝カルマ、今世の課題）

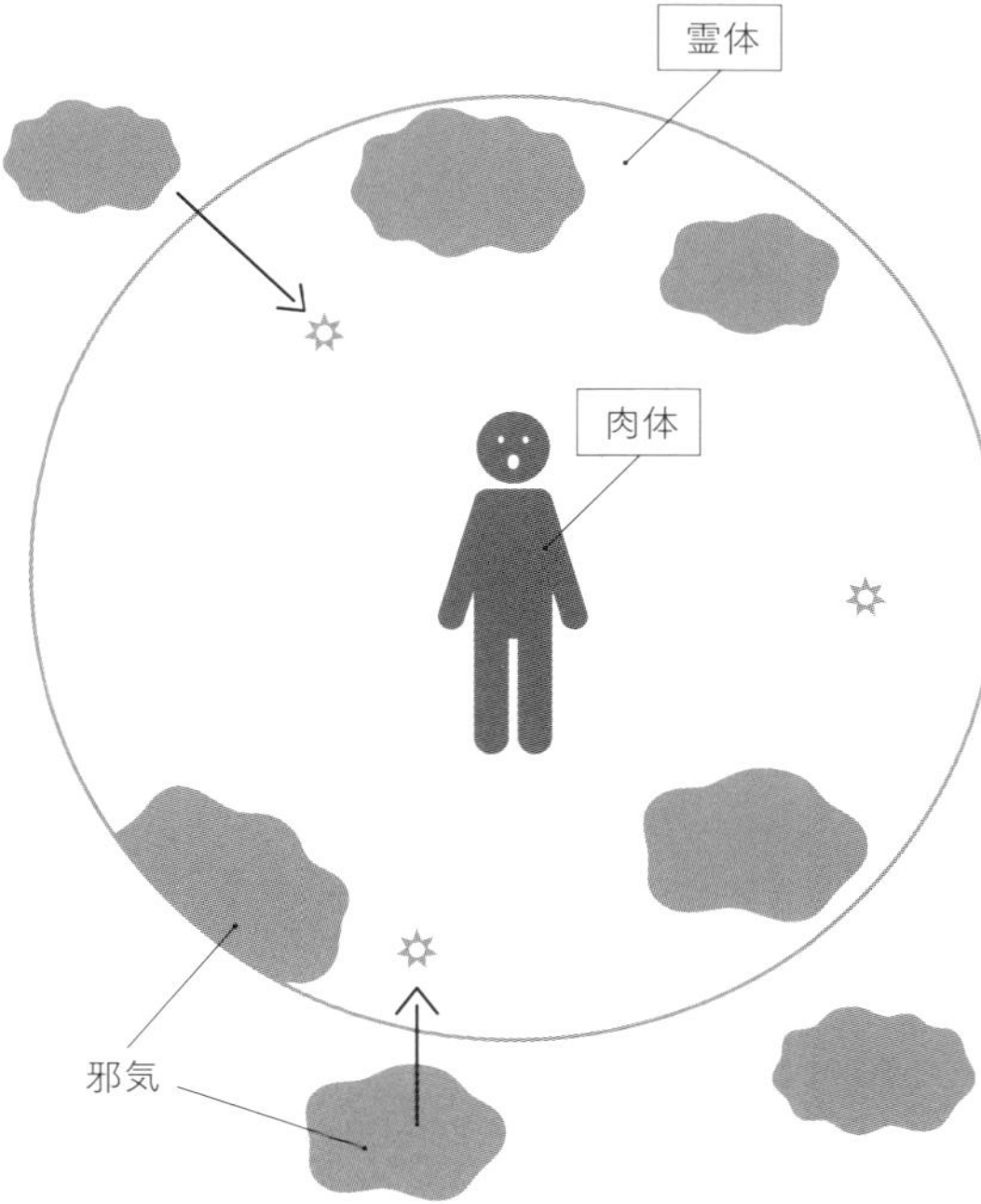

これが邪気です。邪気は外から急にやってきたのではなく、**磁石になる心のサビが集めてきてしまいます。**

その状態の人が他人と接触すると、他人から足を引っ張られ、助けなければ文句を言われる現実を霊体が作り出すのです。霊体は心のサビや邪気に気づいてもらうために、嫌な人を配置するのです。

それくらい私たちの本体は力があります。逆にこれら心のサビと邪気がない人が同じ人とはち合っても、人間関係のトラブルは起こりません。

このように、現実で起こっていることはあくまで結果です。

原因は自分の霊体の状態が悪かったのです。これらは目に見えないため、**現実が私たちの邪気のレベルや心のサビがなんなのかを教えてくれます。**

必要なのは心のサビを除去する（課題をクリアする）ことと同時に、あらゆる方向から波動を落とす、邪気を溜める生活習慣や考え方を改めることです。

現実は、私たちの霊体をきれいにするために「使う」ものであり、「翻弄されるも

の」ではないのです。ですからやるべきことは、本体の霊体を良い状態にすること。霊体が変わっていないのに、現実を変えようともがくのは無理があるのです。

魂を満たしていけば現実が変わるのは、当然のことだとご理解いただけるでしょうか？　あくまでも魂である霊体が主で、現実が従の関係です。


霊体に邪気が溜まり、心のサビ（課題）がクリアされていない状態で物質的成功だけを求め、収入や社会的地位を得られたとしても、問題は起こり続けます。

現代ではこの状態に陥る人が増えているため、精神的成長に目を向けざるを得なくなっていくでしょう。

「自分を満たす」とは、心のサビを除去し、邪気を払い、高い波動の自分を作ることなのです。


邪気の払い方には、いくつかあります。

大声を出す、運動する、お風呂で汗をかく、質の良い水を飲む、美しい服を着る、部屋を掃除する、物を大切に扱う、植物を飾る、感謝する、音楽で癒される、自然の中で過ごす……などです。これらを日常の中に取り入れて霊体を元気にしながら、魂の課題に取り組むとはかどりますよ。

望む波動に変えれば、望む現実が手に入る

自分の中の望まぬ波動に気づき、取り除き、望む波動に一致させていくと何が起こるのでしょうか？

努力や頑張りをしていないのに、どんどん現実が良くなっていきます。とくに何のスキルもスペックも変わっていないのにお給料が上がったり、人から褒められたり、望む現実がむこうからやってきます。

それまでは必死に頑張って身を削らないと手に入らなかったものが、「あれ？」というくらい勝手にやってきます。欲しかったものが現物でもらえるなら、もうお給料アップする必要もありませんよね。そんなふうに、現実が軽やかで楽しいものに変化していきます。

自分の波動が変わっていくと、嫌な上司がいたとしてもその上司がいなくなるか、

一緒に仕事しやすい上司にキャラ変が起こります。直接上司に働きかけたり、何か言ったりしたわけではないのにもかかわらず、です。仕事だけでなく、わかりやすいのは夫婦関係です。嫌だった夫が急に優しくなり、「こんな人だっけ？」と思うくらいキツネにつままれたような現実が平気で起こります。

それもすべては、「自分が放つ波動」という原因が変わったためです。結果である現実が変わるのは、当然のことなのです。すると、だんだんと重く苦しい現実が、軽やかでスイスイ泳げるものになってきます。あっさり望みが叶っていくので、穏やかな現実になっていきます。

それと比例して、自分にパワーが戻ってきた感覚を覚えるでしょう。自分がこの現実を作り出している張本人だと体感できれば、「辛くてたまらない」といったことはもう起こらなくなります。

私もこれに気がついて人体実験をして10年近くになりますが、年々軽やかで楽しい現実になっていっています。毎年、やりたいことがやれる楽しい現実に記録更新し続けている感じです。

スタートしたときはうつ状態、潰瘍性大腸炎で血便が出て、食事ができず38キロになり、自分が嫌い、人が嫌い、仕事が嫌い、生きていることが辛くぼんやりした意識でした。空はグレーで食べ物も砂のような味…あの頃は、罪悪感も無価値観も使えるだけ使う「望まぬ波動使い放題」の最悪な状態でした。よくあそこまで嫌なことで埋め尽くしたなと思いますが、それも体験したかったのでしょう。

あの経験があるからこそ、望まぬ波動を使って心のサビまみれの人のお話を聞いても、今どんな状況で苦しんでいるのかよくわかります。

でも一方で軽やかな人生に今すぐ飛べることもわかっているので、一緒に悲しむというより、「いつまでそれやるんですか?」と強気で問い詰めるようになりました(笑)。

3 「スタート地点」を間違うと、すべてがうまくいかない

会社員時代の私は、仕事も人間関係も恋愛も健康も生きる意欲も、すべてうまくいっていませんでした。何も努力していなかったのか？　というと、そうでもないのです。当時の私なりに、とても頑張っていた印象があります。それなのになぜうまくいかなかったのでしょうか？

それは、**「そもそもスタート地点が間違っていたから」**です。当時、私の中にあるモチベーションとして、「バカにされたくない」が強くありました。そのため、

・バカがバレないように喋らない
・本音を人に話さない
・マウンティングして自分がすごいと言い張る
・好きな服よりちゃんと見られる服を着る

・バカがバレないように仕事のミスを報告しない

というように、すべての行動が「バカにされないように頑張る」というものだったのです。

それは、「私はバカにされる」心のサビを「使っている」状態です。

使って力んで、溢れかえる邪気にもがいていました。魂は、心のサビを除去してほしいのに、これは内側の欲求と逆行していることがわかりますか？

今でも覚えているのですが、当時の感覚は「激しく流れる川を逆流する」感じでした。頑張っているのに全然進まない、邪魔される、「なんで？」と思っていました。一所懸命やっているのに良くならないので、自分の能力が足りないからだと思って、自分のことが大嫌いでした。恋愛においても、バカに見られないようにいつも言い返していて、可愛くない彼女だったと思います。彼にも「本当はこうしたい」という気持ちを言えず、甘えることができませんでした。

私がこの思考回路を使っているので、付き合う男性みんなが、だんだん頼りなく見えてきます。実際は私が本音で付き合っていなかったからなのですが、「彼は私を大事にしてくれない！」と一緒にいる時間が長くなるほど不満をつのらせていました。

友達といても恋人といても、常に気を抜くことができないので、人に会ったあとはどっと疲れていました。そのため、会社でもなるべく人と話さないようにして、プライベートでもひとりで過ごす時間が多かったです。

仕事に関してはひどいありさまで、バカに見られたくないが行きすぎて、上司・先輩に報告も相談もできなかったのです。本当はどうしたらいいかわからないのに、全然できていないのに「大丈夫です」とごまかしてばかり。

蓋を開けてみれば全然できていない…ということが多々ありました。

今は自分で会社をやっているのでわかるのですが、こういう部下は一番困るなと思います。報告も相談もしてくれなければ、仕事を進めることができませんよね。

それに、「困ったことがあったら言って」と言われても、言ってしまったらクビになるんじゃないかという恐怖心もあって、言うことができなかったのです。

当時の自分から見た世界では、「私は頑張っている」と思っていました。何を頑張っていたかというと、「バカに見られないように頑張っていた」ということです。頑張るポイントがずれているのにも気づかず、「こんなに頑張っているのにどうしてうまくいかないんだろう」と苦しんでいました。

それに気づけたのは、病気をして自分を振り返るきっかけが得られたからです。あのまま行っていたら、仕事もできないで、人間性もひどいまま歳を重ねていたと思います。病気になっていなければ気づけなかったと思うと、本当に怖ろしいです。

当時は「いかにバカに見られないか」と、最悪の結果が起こらないよう「避ける生き方」でした。そんな痛みを避ける生き方だったので、毎日がとても苦痛でしんどかったです。ボロが出ないように、変なことを言わないように…常に自分を監視しているので、人と一緒にいても楽しめませんでした。

自分が本当に好きなことは「脆弱《ぜいじゃく》で恥ずかしいこと」と思っていたので、人に言うことはもちろん、自宅の中でも本音でいられませんでした。

子供の頃から目に見えない精神世界が好きだったのですが、人には絶対に言えない秘密でした。本棚にそういう本があっても奥に入れて、表面にはいかにも頭が良い人が読みそうな本を並べて隠していたくらいです。誰にも本心を見せられず、自分にも好きなことを打ち明けられない生き方なんて、つまらないですよね。

今は「いかに楽しく充実して生きるか」で「喜びにフォーカスする生き方」をしていると思います。好きなことは好きと言えるし、隠したりしません。ここまでくるのに随分時間がかかりましたが、やって良かったと思います。

こんなふうに、間違った方向で努力しても、本筋の流れから外れていればうまくいきません。それどころか、ますます孤立してしまいます。

もし今、「頑張っているわりに良くならないな」と感じるのであれば、その頑張りはどこからきているか？　を確認してみてください。素直に内側の欲求が湧いてそれに従っているのか、もしくは怖れから最悪な現実を避けようともがいているのか…。

「小さなこと」から始めてみよう

人生が良い流れに入るのは簡単で、**喜びに生きれば良い**、ということです。

大それたことでなくて良いのです。小さなことで良いので、純粋に喜びを感じることを自分に与えていくだけです。その輪はだんだん大きくなって、あなたらしさを引き出してくれます。怖いのは最初の一歩。

「今、何が食べたい？」「どんな服を着てみたい？」そんなことからで良いのです。

「本当にやりたいことがわからないんです」「好きなことがわからないんです」という方も非常に多いです。その場合は、大きなことを考えすぎているからでしょう。「本当にやりたいこと」は、今やりたいことを叶えた先に出てくるものです。

今、テレビを見たいのか？ 見たくないのか？ それがやりたいことなのです。「今より少し幸せになるには何をすればいい？」と自分に聞けば、答えが返ってくるはずです。この基礎的な心の筋力がなかった私は、「何か大きなことをして一発当てよう！」といつも考えていました。でも、毎日の中で自分の幸せを選択できない結果、「幸せな私」が作られないのです。

そして「幸せな私」が作られないと、幸せな現実はやってきません。なぜなら**私が喜びで満ちて幸せだと、それに呼応して幸せな現実がやってくるのが「順序」だから**

です。鏡の中の自分が、先ににっこり笑ったらどう思うでしょうか？　不気味で怖ろしいでしょう？

鏡ににっこり笑ってほしいなら、まず自分が笑っていないとダメですよね。

つまり、**「幸せな現実が欲しいなら、まず自分が幸せにならなければいけない」というのが繁栄の法則**なのです。

私が犯した大きな間違いは、これでした。

「もう少し収入が増えたら、自由になれるのに」「営業成績が良かったら、自信を持てるのに」「彼が頼りがいある人だったら、もっと女性らしくいられるのに」と、いつも鏡に先に笑ってほしいと思っていたのです。今はこの法則を理解しているので、**「どうしたら今の自分が、少しでも幸せになれるか？」**を常に考え、ノートに書き、実践しています。そのためにお金もエネルギーも時間もすべて投入しています。

「自分が満ちれば、世界が満ちる」とわかっているからです。

では、なぜ当時は鏡に先に笑ってほしいと頑張っていたのでしょうか？

今思えば、「幸せとはこういうもの」と頭で考えていたからです。「お金がたくさんあるほうが絶対に幸せだ」と思い込んで疑いもしなかった私は、今ある収入で幸せになることを考えていませんでした。**どんな収入の人でも、今ある収入で幸せになれます。**というよりも、「見方を変える」と言ったほうが正しいかもしれません。

会社員の頃、私の年収は800万円を超えていました。

誰から見ても幸せですよね。でも私は、それだけの収入を得ておきながら（まともに仕事をしていないのに）不足を感じていました。なぜかというと、SNSを見ると素敵な日常を送っている人がたくさんいます。その人たちに比べたら、平凡に会社員をやっている私は足りないものだらけだったからです。

その頃はいつも人と自分を比べて落ち込んでいました。あの人より素敵なバッグを持っている、収入が高い、大きな会社で働いている…それらの「条件」が自分が幸せになる要素だったということです。外側ばかりを見ていて、自分のリアルな現実を見ていなかったのです。

そのため、出かけるときは華やかな格好をしていても、家は散らかっているし、プライベートで自分にお金をかけないので部屋着やパジャマはみすぼらしいものでした。

きちんとした食事も作らず、部屋に美しいものを飾ることもありませんでした。「誰も見ていないからここはいいや」というのが、当時の心持ちでした。そのため、誰かに見られるところにはお金をかけて、誰にも見られないところで自分が不快になっていても、見ぬふりだったということです。

このような生活を長らくしていたのも、スタート地点が「私はいてもいなくても一緒」と自分を扱っていたからです。

私は営業成績が悪く、会社の人間関係もうまくやれない自分を「いなくてもいい存在」だと思っていました。社会人としてやるべきことをやれていない自分には、存在価値がないと思っていたのです。まともな食事をとらないのも、肌触りが悪いパジャマを着るのも、「こんな私にかけるお金はもったいない」と思っていたからです。

このように、**「自分が自分をどう定義するか」で自分の扱いは変わります。**スタート地点が間違っていれば、自分を大事にすることすら思いつかないのです。

4 「貧乏思考」が強いと、他人から奪う生き方になる

私は貧乏思考だったと思います。営業職で年収は800万円ほどと高かったのですが、お金回りでいえば良くありませんでした。独身でこれだけの収入がありながら、月末になるとほとんどお金がありませんでした。

しかも何に使ったかよくわからないのです。毎日が楽しくなかったので、フラフラ出かけては買い物をするという日々でした。自分でも何が欲しいのか、何が好きなのか、何がやりたいのかわからないので手あたり次第買うといった状態です。

それが続くと家には着ない服や使わないバッグが溢れかえり、それを見てまた自己嫌悪する日々でした。そして、大事なときに「これがやりたい！」と思ってもお金がないという悪循環にはまっていたのです。

今振り返ればわかりますが、当時はお金の使い方も「バカにされないように」でし

た。服に関しても、バカにされないようなシックな色のものばかり買っていたのですが、それって結局「他人のためにお金を使っていた」ということです。本当に自分が満足するようなものを買って身につければ、それだけで満足します。

でも当時の私は、「心から好きなもの」ではなく、「これを持っていたら恥ずかしくないな」という基準で買い物をしていました。気晴らしが買い物だったので、いつもデパートにいました。収入もそこそこあるので、「持っていたらみんなにすごいと言われそうなもの」をいつも買っていました。でもそれは、本当に欲しいものではなく**「自分の穴を埋めるため」**に買っていたもの。その「穴」とは何かというと、「私はバカです」と自分で定義している「自分像」です。素敵に思われるために好きでもないものを買うのは、「バカな私」を隠すためだったのです。

自分が自分をどう扱うかで、世界が自分をどう扱うかが変わります。

「素敵に思われるであろう服」を身につけていたとき、人から褒められることはほとんどありませんでした。**たとえ高価な服であっても、動機が間違っていると素敵に見えないのです。**高価な服を着ていても、それは「自分を愛している」ことにはならないのです。理由はベクトルが外を向いているから。バカにされないように、愛されるように装うのは、「私はバカで愛されません」を強化していることになります。

私たちは行動によって自分の存在を何度も定義します。本当は全然ときめいていないのに、「素敵に思われるから」という理由でその服を選んでいれば、それを着るたびに「私はバカで愛されません」という存在定義が強くなってしまうのです。せっかくお金をかけたのに、これはもったいないですよね。

◆自分を満たすと、相手への執着がなくなる

自分のお金の流れが悪くなるだけならまだ良いのですが、この貧乏思考があると良くないことが起こります。それが、「他人に依存して、奪う生き方になる」ということです。「私はバカで愛されません」を強化し続ける限り、本流からどんどん逸れていきます。そもそもですが、私たちは**「存在するだけで尊く愛される存在」**です。その存在定義が強化されれば、内側から満たされた感覚が湧き上がります。あたたかい感覚は、「それでＯＫ」というサインでもあります。

でも、「私はバカで愛されません」を信じて使い続ければ、永遠に満たされることはありません。どんなに高価な服やバッグ、ジュエリー、車を買っても満たされません。それどころか穴が空いたバケツ状態なので、ずっと飢餓感が続きます。何を買い与えても満たされないと、次にどうするでしょうか？　**人から奪おうとする**のです。

まず、自分を褒めてくれる人を求めるようになります。それだけでなく、自分の飢餓感を埋めるために、人に対して「自分が思うように動いてほしい」と思います。

これをコントロールと呼びます。よくあるのが、親の子供に対するコントロールです。飢餓感は自分が間違った存在定義を選択していることから起こりますが、目に見えないものなので気づくことが難しいのです。

穴が空いたバケツ状態からは、自分が飢餓状態なのに「まわりが欠けている」ように見えます。すると子供に対して完璧になるよう、習い事や勉強を強制するようになります。夫に対して口うるさい妻も、この原理です。

人付き合いが得意な人は、良い意味で他人に期待していません。そのため、気に食わない発言があっても気にしません。**自分で自分を満たすことができれば、人に対し**

て良い距離でお付き合いができます。本当の意味で「満たされる」とは、「私たちは存在するだけで尊く愛される存在」であると信じ、行動するときに起こります。

貧乏思考がいけない理由は、この思考があるとお金も人も遠ざけてしまうからです。これを理解するために、視点を変えてみていきましょう。例えば保険の営業マンがいたとして、「会社で売れと言われたもの」を、あなたの都合に関係なく押し付けてきたらどう思うでしょうか？　きっと不快に思いますよね。美容室でも、欲しいと思っていないのにヘアケア商品を強引にすすめられたら、あなたはどう思うでしょうか？私はできない営業職のとき、「自分の都合」を相手に押し付けていました。

自分の成績のため、給料のために、相手の要望も聞かずに「買ってください」と平気で言っていたということです。今思えば、プライベートも含め、自分が満たされていなかったので、余計にお金や営業成績に執着していたのだと思います。もっと収入が増えたら私は幸せになれるのに。営業成績が上がったら認められるのに。そんな調子で仕事をしていたので、うまくいくはずもありませんでした。

収入や会社での成績に執着していた理由は、「お金があれば、幸せになれる」「人から認められる社会人になれたら、幸せになれる」と本気で思い込んでいたからです。それさえ手に入れれば、私は幸せになれるという狭い視野でものを見ていました。

これは、仕事がうまくいかない人によく見られるパターンです。自分が幸せでないと、仕事やお金、周りの人に対して「これがうまくいけば私は幸せになれる」と思い込むということです。でも真実は逆で、**「幸せな人」だから「幸せになれる」んです。**

自分が幸せじゃないのに、何かで満たそうとしてもダメなのです。

これは人間関係でも同じです。自分が満たされていないと、友達にも執着してしまいます。相手が言ったひとことに必要以上に傷ついて、感情的になってしまいます。それは、自分が満たされていないから影響されやすくなっているだけで、友達のせいではないのです。

私は人付き合いが苦手で、できるだけ人と関わらないように生きてきました。なぜかというと、人と一緒にいると傷ついて感情的になってしまうからです。その頃は、自分が自分を幸せにすることをおろそかにしていました。その満たされていない飢餓感を、誰かに埋めてもらおうとしていました。

そのため、相手が自分と違う意見を言えば強く反応して否定していました。自分と同じ意見ではない＝私を攻撃していると捉えていたからです。これでは誰といても疲れてしまいます。

今は人といることを楽しめるし、相手と意見が違っても何も思いません。むしろ「私と違った視点で面白いな」と思います。きっとあなたが昔の私の友達だったら、私のような人と一緒にいるとしんどくなったと思います。前向きな発言よりネガティブな発言が多く、常に緊張していたからです。

お金の流れも運の流れも、人を通じて入ってきます。それなのに、人と良い関係を築けないなら、お金も運も流れてはきません。「人を大事にする」ためには、まず**0番目の人である自分を大事にして、満たしてあげる**必要があります。

自分が満たされていれば、相手のことが気にならなくなります。また、相手の幸せを願って応援してあげられます。そんな友達や同僚のほうが、一緒にいたいと思いませんか？

貧乏思考で人生がうまくまわらないのは、自分が飢餓状態にあるからなのです。

5 「満たされた私」になると、「満たされた現実」が起きる

幸せになる法則をひとことで言うと、**「今、先に幸せになること」**です。

「幸せになりたいから聞いてるのに、はぐらかしてるの？」と思ったかもしれませんね。会社員時代の苦しんでいる私が聞いたら、怒り出すかもしれません。

でも、幸せな現実が欲しいなら、まず自分が幸せにならなければいけないのです。大前提として理解しなければいけないのは、この世のメカニズムです。

私たちは望遠鏡のようなもの。そのレンズが汚れていたら、世の中がよく見えないと思いませんか？　もしそのレンズに、「怒り」というフィルターがかかっていたら、世の中が怒りで満ちて見えるのではないでしょうか。

こんなふうに、私たちは自分のレンズがピカピカか？（満ち足りて幸せか？）だけを気にしていれば良いということです。

私はこの法則を知らなかったので、何かが手に入れば幸せになれると思い込んでいました。例えば収入が上がったら幸せになれる。会社で認められたら、彼に大事にされたら、もう少し痩せたら…でも、怒りのフィルターを自分が持ったまま、収入が上がったとしても、映し出される映像は怒りに満ちたものです。

せっかく頑張って収入が上がり、できることが増えたとしても、怒りに満ちていたら幸せと言えるでしょうか？

私自身、会社員でも高いお給料をいただいていましたが、自分のフィルターが怒りを使用していたので、お給料が上がっても幸せを感じていませんでした。むしろ、「なぜお金に不自由していないのに、こんなにイライラして不安なんだろう」と、よけい気分が落ち込みました。

その後、お金や彼という外側によって気分が良くなる生き方をやめて、自分のフィルターについた汚れ、つまり心のサビを除去することに集中しました。その結果、収入や相手に依存せず、内なる幸せにとどまれるようになりました。

そして、**内なる幸せが増えていって起こったことは、現実世界が豊かになるという**

ものでした。私を外側から見れば、どちらを目指していたかはわからないと思います。でも、自分の中では明確な違いを感じています。フィルターを掃除しないまま、現実だけ豊かになろうとしていた頃、お金はあるのに精神的にとても不安定でした。満たされなくて、いつか崩れそうな足場を歩いているような感覚だったからです。

でも今は、外側からどう見えているかはわかりませんが、自分の内側が豊かだと感じています。どっしり安定した足場で、腹の底が据わったような感覚です。

テーマパークに行かなくても、高額な買い物をしなくても、ただ歩いているだけでも幸せを感じられます。私が欲しかったのは、このような**内側の充足感の上に、好きなことができる経済力や時間、体力がある生き方**でしたが、ようやく叶えることができました。これを手に入れるには、徹底的に貧乏思考をやめて、内側の自分の望みと常に一致して生きる必要があります。

私たちが大きく間違えていることは、「嫌なことにフォーカスしている」ということです。例えば会社の同僚に苦手な人がいたとします。そして「あの人は気がきつくて仕事がやりにくい。あの人がいると空気が悪くなって、嫌な気分になるのよね」と、毎日のように心の中で思ったとします。すると、同僚の気のきつさは増して、職場の空気はますます悪くなるという現実が起こります。これ、やっていませんか？

なぜそうなるのかというと、私たちの世界には目に見えない法則があるからです。私たちの願いが叶うとき、**波動が一致する**ということが起きています。例えばパートナーに愛されたいと願うとき、愛されるような人柄であれば、相手からも大事にされますよね。でも、いつも不満ばかりで怒った顔をしていてはどうでしょうか？　きっと愛されるという願いは叶わないでしょう。こんなふうに私たちの願いが叶うとき、**「夢の状態と今の状態が一致している」**ことが大事です。

でも昔の私がやっていたことは真逆でした！　彼に愛されたいと願いながらも、「彼が頼りない！」と感じていて不安な顔をしていました。私を守ってくれないと思い込んでいるので、イライラしていたのです。「愛されたい」と願いながら、私はどんどん「望まないこと」にフォーカスしていました。彼は私のことを大事にしてくれない。守ってほしいときに力になってくれない、というふうに、「してくれないこと」や「頼りないこと」ばかりを見つけては、勝手に不安になっていたのです。

他にも、「お金が欲しい」と思いながら、心の中は常に不安でした。波動の法則からいえば、「お金が得られた！」という状態と今の状態が一致していなければ、その願いは叶わないのです。私の場合、なぜお金が欲しかったかというと、お金があれば安心感が得られると思っていたからです。つまり私がお金を求めていた理由は、安心感であり、お金があれば自由に生きられるのにと思っていたのです。

でも、そう思いながら今、安心感がなくて、不自由に生きているなら願いは叶わないということです。禅問答のようですが、本当にそうなのです。

今、夫からは溺愛されていて、本当に大事にしてもらっています。彼自身も、「自分がこんなにパートナーに尽くすタイプだと思わなかった」というくらいです。そんなに大きな変化ができたのは、この理論を理解したからです。

私が彼に求めていたのは、女性として大事にしてほしい、守ってほしい、頼りがいがあるパートナーでいてほしいというものでした。

◆「欲しい現実が起こったときの私」をまず出現させよう

これを発動させるにはどうしたら良いか？　というと**「すでにそれが叶っている世**

界へののれんをくぐる」だけで良いのです。もしあなたのすぐ目の前に、「すでに夢が叶っている世界」があり、そこにのれんをくぐれば入れるとしたら？　私は今まで、彼の不満をあげつらい、文句を言い、いつも怒った顔をしていました。でもそれは、「嫌なことにフォーカスしている状態」です。

なぜ不満げで怒った顔をしているかというと、「彼が頼りない」という嫌なこと、望まないことにフォーカスしているからです。

やめるべきはこの思考グセ、心のサビなのです！　私はこの思考グセをやめた結果、「彼が頼りない」という怖れ、起こってほしくないことにフォーカスするのをやめました。そして、**純粋に望みにフォーカスし直しました。**　つまり、「彼に愛されて心から安心している私」にフォーカスしたということです。

この話をすると、必ず言われるのが「現実にそれが起こってないからできない」というものです。彼にまだ大事にされていないのに、大事にされて安心している状態はできませんということでしょう。私がはまっていた罠はこれです。

波動の法則は引き寄せの法則とも言われますが、**「自分と同質のものを引き寄せる」**

というもの。考えていることが引き寄せられるのではなく、**私たちの状態と同じものが引き寄せられる**ということです。それならば、**「欲しい現実が起こったときの私」が現れなければ、欲しい現実は現れない**ということです。**「私」が先で「現実」があ**となのです。そのため、彼の例でも職場の例でもそうですが、まず私が、**すでに夢が叶った自分にならないと夢は発動しない**ということです。

それなのに、どうしてこの罠に多くの人がはまるのか？　というと、それは心のサビがあるからです。例えば私が「彼から愛されて安心している女性」になるときに、強く抵抗が出ました。それまで男性に負けないように勉強も仕事も頑張ってきたのに、無防備に彼に愛されて安心するということができなかったのです。

このように、望みがあるのに抵抗する思考が出てきます。これが心のサビなのです。この場合では、「女性が男性に甘えて守られるなんてダサい」という心のサビが、私の中に眠っていました。これがあると望みにフォーカスできず、望まない嫌な現実にフォーカスしてしまいます。私は「彼に愛されたい」と願いながら、「守られるなんてゴメンだわ」と思っていたということです。このように逆風が吹いていると、波動が一致しません。一致しないと叶うことはないのです。

◆モヤモヤしたら心のサビを落とすチャンス

例えば自分らしさを出して、その人柄や魅力で人気になり、たくさんのお金を稼いでいる人がいたとします。その人を見て、モヤモヤする気持ちがしたり、「なんだか品がないわ」と批判したくなることもあるかもしれません。

このとき、私たちは望まない嫌なことにフォーカスしています。フォーカスする時間が長ければ長いほど、私たちの波動は「望まない嫌なこと」に一致してしまいます。するとも嫌なことがますます引き寄せられ、叶うという事態になるのです。そうなると「嫌だな」と思って、望まないことを回避しようとしているのに、惹きつけてしまうことになるのです。

なぜこの嫌なことにフォーカスしてしまうのかというと、そこに心のサビが眠っているからです。このケースでは「自分の魅力だけで人気になって、お金を稼ぐなんてはしたない」というサビです。この思考回路があると、自分の魅力で豊かになっている人が疎ましく見えます。そして、「そんなことをしてはいけない！」と自分にその経験を回避させようとしているのに、嫌なことが起こり続けてしまいます。

その際、たいていは相手に対して「落ちればいいのに！」とか「もう少しこうすべきだわ」と注文をつけたくなりますが、それをしても無意味です。なぜなら私たちが変えられるのは自分の態度だけであり、他人は変えられないからです。

誰かを見てモヤッとするなら、変えられるのは「その人を見てモヤッとする自分の心の中」だけなのです。このケースで望みの波動に一致するためには、「自分の魅力だけで人気になって、お金を稼ぐなんてはしたない」という心のサビを除去するということです。これを除去した結果、「自分の魅力だけで人気になって、お金を稼ぐってとても素敵なことだ」と思考が変わったらどうなるでしょうか？

相手に対するモヤモヤは消えて、「いいね！」という感情が湧くかもしれません。大事なのは「自分が相手に対してどう思うか」ではなく、**「その現象を使って、自分の内側がどう変化したら前向きな気持ちになれるか？」**です。

「あの人って品がないよね」だと、相手に対するジャッジになります。一方で「私の前にあの人が現れたということは、私もそんなふうに生きてもいいんだってサインだ！」と解釈しなおして、気持ちがスッキリするならばそれが正解だということです。

気持ちがスッキリする、前向きになれる、いい感じがするというのは「私にとって真実である」というサインなのです。そして、望みと一致しているときはこのように良い気分になるので、「そちらの方向で間違いない」というサインでもあります。

このように、**目の前の現象を自分の内側を調整するために使っていきます。**

そして、望みの波動に一致するのを阻んでいる心のサビを除去するために使うのです。これによって、あなたの内側はどんどん自由になっていくでしょう。

内側の自由が叶えば、現実もそれに呼応して自由になっていくのです。

よくあるのはお金の例です。

本当はもっと活躍して収入アップしたいと願いながらも、一方で「自分を出すのが怖い」「どう思われるか怖い」という逆風が吹いているということです。このとき、もっと活躍して収入アップした先の自分の状態と、今の自分の状態が一致していれば願いは叶います。でも逆風があれば、それは望みを押しのけていることと同じです。

私たちには豊かさの流れが常に流れています。その流れをせきとめて、がまぐちを固く閉じているのは私たち自身なのです。

6 迷ったら「過去の自分」ではなく、「未来の自分」に聞く

貧乏思考を除去しようとすると、過去の自分が出てきます。

例えば人が苦手で、話しベタな学生時代を過ごしたとします。その過去があれば普通の人は、話しベタな人生を送るでしょう。そして、「私は話が下手だから」という自己認識を持つはずです。でもこれも、**大きな罠**なのです。

私の例がわかりやすいのでお話しします。私は人が苦手で、なるべく関わらないほうが良いと思っていたタイプです。うまく話せないし、友達も多いほうではなかったので、「人付き合いが苦手なんだ」と思っていました。けれども自分の内側に一致していくと、「これが自分」と思っていたものがどんどん崩れていきました。

人付き合いが苦手と思っていたのですが、「これを克服したい」という思いよりも、

私の場合はまず「体調を良くしたい」と思っていました。体力がなさすぎるので、誰かと会ってもすぐに疲れてイライラしてしまっていたからです。

そこで食事を見直し、運動をしはじめたことで疲れにくい体になりました。その次に、「もっと自分が楽しいことで、人生を埋め尽くしたいな」と思いました。その頃から生け花やウォーキングなど、自分の気分が上がることに時間とお金を使うようになりました。

すると、久々に友人と話した際に全然疲れないし、楽しめる自分がいて、自分でも驚きました。以前は2時間以上話すと、疲れていました。そのため1日にせいぜいひとりしか話せなかったのですが、今では1日何人と会っても、何時間話していても疲れません。また、相手の考えが自分と違っていても楽しめるし、まったく違うライフスタイルの人とでも楽しんで会話ができます。

こうした変化は、自分が肉体的にも精神的にも安定することで、相手に興味を持つことができたためだと思っています。かくして、「私は人が苦手」と何十年も思い込んでいましたが、あっさり数年で「人が好き」という自己認識に変化しました。

今では誰とでも楽しんで会話できることが強みになっているくらいです。

こうしたことはよく起こります。

体についても、私は虚弱体質でいつも疲れていました。病気もしたし「体力に自信があります！」と大声では言えませんでした。でも今は体力がついたなと感じています。あちこちにセミナーで出かけていた頃も、帰ったら数日はぐったりしていました。でも今は一晩寝ればすぐに元気になって、朝から走りに行けるくらいです。

私が気をつけているのは、**過去の自分がどうであれ、そこに囚われない**ということです。今の自分は、過去の自分の結果です。それなら**今の選択が変われば、未来の自分の性格も肉体も、変わることは大いにありえます。**やりがちなのは、「私は話しべタなので」という過去に囚われて、なりたい自分になろうとしないことです。

あなたがもし今、話すのが苦手でも、人が苦手でも、これから変わる可能性があります。ですから、「私はこういう人間だから」と過去の自分をいつまでも握りしめていてはいけません。**「今」こうなりたいという理想像を叶えていくこと。**その先に、過去の自分とはまったく違う自分になれているはずです。

「人生がうまくいかない」と悩んでいる方のお話を伺っていても、「過去に囚われている人」が多い印象です。昔いじめられていたから人が苦手、親にいつも怒られていたから自信がない、男性にからかわれたから不信感がある、といった様子です。

人は確かに、過去の経験から危機回避の術を学びます。でもそこにひっかかっていては、なりたい自分になれないのではないでしょうか。過去の自分の延長を生きていては、起こる未来も今までと変わらないものになります。大きく変化したいのなら、「過去からの自分」ではなく**「未来からの自分」を生きたほうが良い**でしょう。

過去の自分ではなく、未来の自分に尋ねてみよう

私が大きく人生を変えられたのも、このカラクリに気づいたからです。

「人が苦手」「明るい性格じゃない」という自己認識を持っていたので、やりたかっ

たブログを始めるまでに約7年もかかってしまいました。過去の自分からすればブログで自撮り写真を載せて、持論を堂々と話すなんて抵抗しかなかったからです。

そのときに、「過去の繰り返しを焼き直しているだけでは、ずっとこのまま人生を終えるだろう」と思い、「未来の自分ならどうするか？」と問いました。当時、うつ状態で体調も悪く、仕事も恋愛もボロボロだったので恥ずかしくて言えなかったのですが、「心のことを発信して、ライフワークにしたい。自分が本で救われたから、いつか誰かの力になるような本を出したい」と心の中で思っていました。

もしその未来が叶うなら、きっと過去の自分がどうであれ、「今の自分」として正直に自分が体験したことを発信するだろうと思ったのです。以来、私が**何か迷ったときは「未来の自分」に聞くようにしています。**

過去の自分は、今まで体験してきたデータから判断します。でもこれからやることはまだ、データの中にありません。だったら過去の自分に聞いても、少ないデータの中から導き出された答えしか出ませんよね。

それなら**経験がより豊富であろう未来の自分に尋ねたほうが、良い答えが返ってくる**はずです。未来の自分に質問すると、いつも過去の自分と真逆の答えが返ってきます。それを、「経験がないから」と却下せず、どれだけ楽しんで取り組めるかだと思います。

私は普段からSNS等で、「自然体で豊かになりましょう」「ゆるみましょう」とお伝えしていますが、間違った解釈をしている人が9割ではないかと感じています。

まず、自然体やゆるむというのは、「無理をせず何もしなくていいですよ」ということではないのです。「自然体」というのは「自分はこうなりたい」と思って動くことを指します。よくあるのは「自然体でいたいから、しんどいことはやめよう」というもの。今は自分を表現したいという方が多いですが、「私はSNSで発信するのはしんどいからしない。それが自然体だから」というのは、大きな間違いなのです。

また、「ゆるむ」というのを勝手に解釈して、マッサージに行くとか、旅行に行けば良いのかな？　と思っている方も多いです。でも、体の立て直しや人生の課題をやらずに旅行に行っても、豊かになるとは限らないのです。

「ゆるむ」というのは、間違った前提を使用することでガチガチに緊張した状態をやめましょうということです。例えば「バカに見られたくない」と思う人は、「私はバカです」という前提を使用しているということになります。この前提を使用していると、常に「他人からどう見られるか」を気にして緊張してしまいます。

この前提をやめること＝ゆるむということなのです。

過去からひきずった前提をやめていく、そして今を生きていくことが「ゆるむ」ということなのです。

心のがまぐち 攻略ポイント 3

お金に愛される

1 「心からやりたいこと」だけをやって、わかったこと

あなたは「お金がなくても幸せになれる」と言われて、「そうよね」と思えますか？　きっと、ほとんどの人は半信半疑になるのではないでしょうか。実はいろいろな心のサビの中でも、除去が難しいのがお金に関するものです。

なぜなら私たちは**「お金がないと生きていけない」と強烈にお金に依存してしまっているから**です。これは人が長い歴史の中で、何度も輪廻《りんね》を繰り返して人生を経験する中で、根深く残っているものなのです。

私がこの呪縛に気づいたのは、新型コロナ禍のときです。その頃、会社勤めを辞めて独立して数年経っていたときでした。本も6冊出版することができ、たくさんの夢を叶え収入も得られるようになったものの、頭打ち感がありました。家が欲しい、車が欲しい、あのホテルに泊まってみたい、あそこに旅行してみたい、あのブランドの

服が欲しい、こんな仕事をしてみたい…それまで抱いていた夢もすべて叶えてしまって「もうこれ以上幸せになることはできないのかな？」と感じていたのです。

一方で、常に**「お金を稼がなければいけない」という恐怖感**がつきまとっていました。物質的に確かに豊かになれたものの、精神的にこのお金に関する恐怖感を持っているのは、究極的に幸せとは言えないのではないか？　と思いました。

今まで、自分で独立起業したのだから、お金や事業がちゃんとまわるようにしないと、という気負いがあったことに気づきました。そして、ノートを使って深く深く掘っていくと…「お金を稼がなければ生きていけない」「お金がなくなると怖い」という恐怖が次々に出てきました。

例えば、やらなければいけないことではなく、やりたいことをやったら人生どうなるのか？　外側の評価より、内側の湧き上がる意志を優先して生きたらどうなるか？　など、これまで数々の人体実験をしてきました。

そのひとつとして、お金の呪縛から自分を解放することが必要なのだと、なんとなく感じていました。ちょうど新型コロナ禍が始まったとき、私は正直なところ「これでようやく、やりたいことに着手できる」と思いました。それまでの仕事も充実していましたが、まだ本当にやりたい**「お金の呪縛から解脱できるか？」**の実験をしていなかったからです。これをやらずして、きっと次のステージはないのではないか？ここから解脱して、この記録を本にしないといけない…という感覚があったのです。

そこでやったのは、それまでよりももっと精度を上げて、**自分を満たしていったらどうなるのか？**という実験です。それまでは、やりたいことをやっていたものの、「仕事だからちゃんとしなきゃ」の意識もありました。一度それさえ捨てて、心がおもむくままにさせてみようと思ったのです。その際、ひとつルールを決めました。**「お金のために働くのはやめる」**ということです。

起業しているので、売上を上げようと思って動けば、収入に繋がってしまいます。そうではなくて、**本当に心からやりたいと思ったことだけで生きてみよう**という実験でした。なぜなら、お金のために動いてしまえば「タマオキアヤだからできるんですよね」と言われてしまう可能性があったからです。もし自分が会社員だったら、いつでも収入が得られる人がその実験をしても、説得力がないと感じていたはず。だったらフェアに、**収入経路を断つ**という条件なら説得力があるなと自分に課したのです。

そこからは毎日、小学生の夏休み状態です。

朝起きて「さあ今日はどんな楽しいことをしよう？」という、まっさらなキャンバスに絵を描くような生き方をしてみました。

仕事もせず、暇なので家中を断捨離して掃除していたのですが、たくさん日本酒があることに気がつきました。それまで晩酌はしなかったのですが、これを機に飲んでみようと思ったらはまってしまい、お酒の種類やそれに合うおつまみを作ったりして食事の幅が広がりました。「こんな知らない世界があったんだな」とワクワクしていると、彼が「欲しい車が売りに出てる！」と言いました。車が好きな彼は、好みやこだわりが強いのですが、それにぴったりな車が見つかったのです！　それも、数年前にモナコに行ってみたいという夢をふたりで叶えたことからでした。モナコで見た車に一目惚れして、その写真を彼はパソコンのデスクトップにしていたのです。まさかそんな夢の車が見つかるなんて！　と、彼は即決でした。でも、ひとつだけ課題がありました。福岡に住んでいたのですが、その車があるのは札幌！

それでも彼の意思は固かったので、ふたりで「今仕事してなくて暇だし、札幌から福岡まで車で帰ってこようよ」という旅に出たのです。その旅では東北を中心に巡り、大好きな日本酒とアテを探してさまよい、毎晩呑みまくるという連日宴会状態でした。そのときに「これが一番したいこと」ということを積み重ねていったのです。

その旅から帰ってきて、「もっといろんな所に行ってみたい」と思うようになり、体力アップのためにウォーキングを始めました。他にすることもないので苦手なお料理を頑張ろう！　とチャレンジしたり、お気に入りの食器を揃えたり、家庭生活を充実させていったのです。私たち夫婦はずっと会社員で転勤や出張があり、定住することがありませんでした。やっと少しゆっくりすることができると思って、思いっきり主婦生活を楽しむことにしたのです。

この実験では、旅行には数回行ったものの、基本的には家庭生活を楽しんでいる状態でした。季節の花を見に行ったり、ウォーキングしたりと、まさしくセロトニン・オキシトシンがうるおう生活だったと思います。この頃、収入はいちばん多いときよりもずいぶん落ちていました。でも、収入がいちばん多いときよりも、幸福度が高かったのです。それになぜかいただきものをすることが多く、お肉や野菜、服や着物など、欲しいものを現物でもらいました。収入が減っても豊かな生活ができた、という実験結果でした。このことから私は、**「外側を求めて内側がスカスカよりも、内側が充実していれば外側がついてくる」**という新たな視点を獲得しました。

そうして内側の欲求を満たした結果、「やっぱり仕事を頑張りたい。内側の力で豊かに生きられることを伝えたい」と強く思うようになりました。今ではその思いがますます強くなり、「どうしたら伝えられるだろう?」と考えています。仕事とプライベートは別、という生き方ではなく、**私が生きること=仕事**になっている状態です。ここまでくるのに、お金の呪縛を除去することは必須だったと思います。

お金や承認、すごく見られること、フォロワー数など外側を追い求めていては、心から満たされる感覚は得られません。この状態でたくさんの数字を持っていても、売上があっても、フォロワー数が多くても、幸せを感じられないのです。

この状態でさらに外側を求めようとすると、内側の満ちた力が足りていないので、「頑張る」という感じです。一方で**内側を求めていくと、満ち足りた状態が溢れるので「自然体で」できる**という感じです。どちらも仕事をするとか家事をするといった行動自体は同じですが、体の感覚や心の状態がまるで違います。どちらが楽しんで続けられるか？　というと、答えは一目瞭然ですね。

お金にもモノにも人にも依存せず、自分で幸せになれること。この自立した状態で「もっと夢を叶えたい」というときに、お金は引っ張られてくるということです。

もちろん、何もせずにお金がくるわけではありません。自然体、というのは「私はもっとこうしたいな」と自発的に内側に湧き上がることを指します。湧き上がったアイデアを叶えていくことは、自然で力みはありません。たとえそれが「セールスを学びたい」でも、「学ぶことでより多くの人に商品の魅力を伝えられる」と思えば、学ぶことも楽しいはず。それが楽しくないのであれば、本当は別のもの、例えば「お金さえあれば幸せになれる！」を求めているのかもしれません。

「今、すでに魅力がある」と脳を反転させよう

お金の呪縛は、別の言い方をすると「ドーパミン依存」です。もっと手に入れたら、もっと愛されたら、という「もっと」の状態です。

でも、ドーパミンはある一定値を超えると、それ以上の刺激を感じなくなります。もし一定値が１０００万円なら、２０００万円であろうが５０００万円、１億であろうが同じだということです。ただし、「１億円を稼ぐと見える世界を感じてみたい」であれば話は変わります。それは１億円が欲しいのではなく、その収入になって見えるもの、体感できるものに興味があるわけですから、内側の欲求となります。自分が求めたものの先に、ほんとうは何を欲しているかが大事です。

ドーパミン刺激は依存を生みます。甘いもの、恋愛、スマホ…いくら固い意志でやめようと思っても、難しいかもしれません。そのときは、**ドーパミンと別の幸せで自分を満たせば良いのです。それがセロトニンとオキシトシンになります。**

ドーパミン依存する方には特徴があり、毎日の日常生活を楽しんでいないことが挙げられます。衣食住を、自分が本当に心地よいものにできているでしょうか？　お金や知名度を上げること、人に認められることを優先して、自分の生活がおろそかになっていないでしょうか？

そのような状態ではセロトニン・オキシトシンのスッキリ温かい幸福感が得られないので、ますますお金や知名度を求める負のループに入ります。

ベースが満たされても、それでもやりたいこと。これがライフワークであり、「生きることが仕事になる」状態なのです。

「お金が欲しい」と願っているということは、何かしらの部分で豊かさを感じられていないということではないでしょうか。例えば「もっとお金が欲しい！」と思っていて、その理由が「あのブランドの服を買いたいから」だったとします。さらに、その理由が「あの服を着れば、自分を魅力的に思えるから」だったとします。この場合、本当に欲しいものはお金ではなく、「自分に魅力があると感じること」なのです。

ここまで来たら**脳の反転**の方法を使います。

私たちが「これが欲しい」と望みを描くとき、裏返せば「私は今、それを感じられません」ということなのです。先ほどの例だと、脳が「自分にある魅力」を感じていないということです。その理由はもしかしたら、子供の頃からブスやバカと言われて育ったからかもしれません。要因は人によりますが、何かの理由で「私には魅力がない」と信じているのです。この状態のままだと、他の人が魅力的に映り、自分はダメなように見えてきます。また、「あなたって魅力ないよね」と言われるような出来事を自分で引き起こしてしまうのです。

このメカニズムを理解せず収入を増やして、欲しいブランドの服を買って着ても、自分のことを魅力的に感じられません。むしろ高いお金を出したのにやっぱり似合わないと思って、再び「私にはやっぱり魅力がないんだわ」を感じてしまいます。それではお金も労力ももったいないですね。

そのため、**脳を反転させて「今、すでに私には魅力がある」と観測する**のです。**現実にそのような事実が起こっていないうちから、それをする**ということ。

日々の現実で感じるこのような**不足感は、「自分の中のサビに気づくため」に使っていきます。**そして、自分が何に不足感を感じているか、何を気にしているかを見つけたら、そのサビを除去して満月の満ち足りた状況を観測するのです。

意識の反転を起こすには、不足を現実に求め、埋めようとしないこと。それをやればやるほど、底なし沼に落ちていきます。なぜなら現実の不足は、脳が観測している残像だからです。その映像にいくら高級なものを買い与えても、おなかは満たされません。

逆に意識の反転を起こして、それを固定するために現実を使います。**「私には魅力がある」に反転させたら、「それを固定するために何が必要か?」を考え、動いていくということです。**こうして現実に翻弄されず、主体性を持って人生を歩むことができるのです。

お金や豊かさを引き寄せるコツは、**「今すぐその欲しいものに自分自身がなる」**ということ。こうして少しずつ、完全体の自分を取り戻していくのです。

2 「意識の拡大」を経験すると、お金は後からついてくる

これからの時代は、**「風の時代」**と呼ばれています。

一方で、長らく「土の時代」が続いてきたのですが、この時代は別名「支配の時代」と言われていました。

土の時代ではトップダウンで人々を管理し、統率しやすくコントロールされることがスタンダードでした。

この時代のキーワードは**「生産性」**です。

人々を支配する時代では、強いルールが敷かれていました。

家長は長男が継ぎ、女性はたくさんの子供を産むことが良いこととされました。

言われたことに疑問を持たず、黙って作業する人が優秀と言われてきたのです。

この時代の「常識」とは、いわば年貢を納めるために好都合なルールだったということです。

近世から近代への時代の移り変わりでは、年貢の代わりに生産性を上げるための**「労働」**が生まれました。戦後の日本を考えればわかりやすいでしょう。モノがなかった時代、とにかく働いて**「物質的に豊かになること」＝「幸せ」**という時代でしたよね。そもそも物資自体が、欲しくても手に入らなかった時代です。

需要と供給のバランスで見ると、欲しいと思っている人（需要）が多いのに、提供できる人（供給）が少なかったということです。

「幸せとは何か」を考えた際に、こうした時代背景も関わっています。

この時代は激務であっても働けばお給料がどんどん上がるし、生活が豊かになっていくことを体感できました。だからこそ**「目に見えるもの」が重要視されていた**わけです。この時代の「豊かさの象徴」は大きな家、高級な外車、ブランドもの、お受験などでした。つまり**「どれだけ所有しているか」**だったのです。

✦心や感性が重視される女性性の時代へ

一方で今、時代の変化を誰しもが感じています。

風の時代に入り、世の中で良しとされる常識が少しずつ変化してきました。

なぜなら、風の時代のキーワードは**「解放」**だからです。

トップダウンではなく、一人ひとりがどう生きていくかを考えて、自立する時代だということです。

このタイミングで、**「モノがあるだけでは、幸せになれない」**ことに、みんなが気づき始めました。つまり、**お金の価値が下がってきている**ということなのです。

もちろん好きなことをするためにお金は必要ですが、お金があっても健康や充実感、自分らしい人生が手に入るか？　というと疑問です。

それよりも、生きがいや人との繋がり、自己表現が大事になってきているのではないでしょうか。それは、時代の変遷によって物質的なものを求めた結果、モノが十分に行き渡ったことが原因です。

今や、着る服に困る人や、家電・家具が買えない人はほとんどいません。

昭和の時代よりもモノが大量生産されるようになり、安く手に入れることができるからです。ひと昔前なら、家具を揃えるには相当な財力が必要でしたが、今では社会人の初任給くらいあれば、ひとりでも暮らせるでしょう。

ここまでモノが行き渡った結果、**物質ではない別の幸せ**を求めるようになったということです。モノが広く行き渡り、価値が下がっていくことをコモディティ化といいますが、精神的な豊かさを求める動きも、こうした背景があってのことです。


今や生きていくのに必要な物資は、普通に働いていれば揃えることができます。中古品を扱うお店も増えて、中古品なのにきれいでそのまま使えるものが安く手に入ります。食品も栽培や加工技術が発達したことで、大量生産が可能になって価格も安くなりました。

このように、「生きながらえるため」だけを考えれば、生きることのコストはぐっと下がったというわけです。

食べていくために必死だった時代が、終わりにさしかかっているのです。

この流れを受けて、**今は非物質的なものを求める女性性の時代**だといえます。**男性性は思考や物質を表し、女性性は心や感性を表します。**

間違えやすいのですが、女性性の時代は女性が優先されるという意味ではありません。

精神性が重宝される時代になったという意味です。

実際、「すでに食べていくのに十分なお金はあるけれど、幸せを感じない」という方が今とても増えています。

いったい何を求めているのか？　というと「自分にしかできないこと」、つまり**「この世に生まれた意味」**を探しているのだと思います。

私たちは長い間、輪廻を繰り返してきました。

輪廻とは、魂というデータバンクが大元に還って修復作業が行われずに、ボロボロのまま生まれ変わるということです。これを何度も繰り返した結果、「自分がなんのために生まれたか」がわからなくなった人が増えています。

そもそも**私たちの魂は、「目的そのもの」が肉体に入って生まれたもの**です。ということは、何か経験したいことがなければ、この世に生まれることができないのです。

それなのに、何をやりたいのかがわからなくなっているということです。**私たちは目的を持った情報体なので、その目的が達成されなければ本来、幸せを感じられません。**どのように感じられるかというと、楽しい気分や、未来を考えた際に良い感じがすれば、今やっていることは生まれた目的に合致しているのです。

私たちの魂が生まれた意味は、簡単に言うとデータ収集です。

魂の大元はすべてのデータの源であり、可能性そのもの。すべての可能性や経験がくっついた状態なので、そのままじっとしていれば「すべてがわかって、私がそのすべてそのもの」という状態なので、要は暇なわけです。ですから分離してそれぞれが活動することで、暇つぶしになるし膨大なデータを集めることができます。

私がイメージしているのは、私たちが働き蜂であるということです。ぶんぶんとこの地球を飛び回り、自分の担当している目的に関するデータを集めるのです。それが自分の目的に合致していれば、データは更新されます。データ更新とは、**できなかったことができるようになる**ということです。その経験を通じて、意識は拡大されていきます。

実際、できなかったことができるようになったり、わからなかったことがわかるようになったとき、どのような感覚になるでしょうか？　モヤモヤが晴れてすっきりして、理解が広がり感謝が湧くかもしれません。波動が高いというのは、このようにスッキリ晴れやかで楽しい気分であるということです。

ぶんぶんと飛び回って情報収集して、経験を増やして意識の拡大をすることで大元のデータバンクも情報を更新し続けます。こうして**意識（神）が成長していく**のです。このとき、自分の目的とズレたことをしていたり、やりたいことがあるのにやらなかったりすると、大元のデータは更新されません。それでは困るので、病気や事故などが起こって「ちゃんと働きなさーい」と軌道修正をされるのです。

この世から見れば私たちは働き蜂ですが、それは必ずしも社会的に成功することを指してはいません。「働き蜂だから、もっと仕事しろってこと!?」と思わないでくださいね。「自分が楽しいと思うことをやる」、これが仕事に当たります。人によっては家の掃除かもしれないし、自然豊かな場所を走ることかもしれません。または起業してより多くの人にサービス提供することかもしれません。

今の社会は、物質的な文明を維持するために形成されています。でもこの世界はそれより前から機能しています。今、モノが行き渡ってしまって、**より強く「自分が生まれた意味を知りたい」と思う人が増えています。**それは、「そろそろみんな自分の持ち場に帰って、ちゃんとデータ収集、意識の拡大をしてね」ということなのです。

ただこのときに、輪廻を繰り返した際にできた「心の傷」のようなものが邪魔をしてきます。例えば自分の意見をSNSで発信したいと思っていても、「批判されたらどうしよう」と怖くなってできないかもしれません。これが心の傷であり、私が「心のサビ」と呼んでいるものです。それを越えれば意識の拡大が起こり、働き蜂としてもっと自由に活動できます。

でも自分が持っている思考パターンの癖で、やりたいのにやれない、もっと世界を広げたいのに抵抗があるという事態になりかねません。**心のサビを除去すれば、豊かさのがまぐちがパッカーン！と開きます。**これが開けば、精神的にも物質的にも豊かになれるのですが、がまぐちの際にある「サビ」によって口が開かないということです。開かないということは意識の拡大もありませんので、波動が上がることもなく、想像している最高の人生が叶わないのです。

自分を縛っていた思考パターンから脱しよう

これからの**風の時代は、「どれだけ自分の心のサビを除去して、意識を拡大できるか」が大事になってきます。**一時的なインフレはあっても、この先もっとモノの値段は下がり、ただ生きながらえるのにそれほどお金がかからなくなってきます。

そうなれば、何を目的に生きていくのでしょうか？　それは、**『楽しい』を羅針盤にして自分の意識を拡大する」**ということ。そしてそのために、輪廻の中で吸収した「なりたい自分を阻む価値観」を削ぎ落としていくということです。

私たちは自分に興味があるとき、心が健全です。でも、自分がどうしたいのか、何が楽しいかわからないとき、健全ではないのです。

「自分に興味がないんです」という方も最近は増えています。それはセルフネグレクトと言い、育児放棄していることと同じです。「誰にも迷惑かけてないから、いいんじゃないの？」という方もいます。でも、大きな視点で考えてほしいのです。

自分に興味がないということは、自分が生まれた目的に向かって働き蜂のお役目ができていないこと。それを続ければ、その分野のデータが更新されず、全体の波動が下がってしまうのです。

つまり自分が自分の幸せを追求しないということは、全体の波動を下げ、それを揺り戻すための災害を起こしやすくしているということなのです。それくらい、自分に興味がなく、セルフネグレクトしていることは危ないことです。

逆に**自分を愛し、興味を持ち、意識の拡大に努めている人は、世界平和を達成しているということです。**これは大げさな表現ではなく、しくみ上、本当にそうなっています。つまり、幸せに生きること自体、世のため人のためになるのです。


そして気になることは、「精神的豊かさを追って、物質的に困らないの？」ということではないでしょうか。私自身、ここがいちばん気にかかることでした。なぜなら精神的豊かさを追求している人は、厭世的になり、山にひっそりと暮らして質素な生活をしているイメージだったからです。いくら精神的豊かさを求める時代だからといって、そのような生活をしたいと思わなかったのです。

でも、精神的豊かさとは、お坊さんになることでも山で質素に暮らすことでもありません。もしかしたら都会でラグジュアリーな生活をすることが、精神的豊かさを追求しているかもしれないのです。なぜなら精神的豊かさ＝意識の拡大であり、「できないようなことが、できるようになること」が大事です。もし本当に「出家して山で修行したい！」という意志があり、「修行した先にどうなるのか見てみたい」ということなら山籠りで意識の拡大は目指せるでしょう。でも山に籠《こも》らずとも、宗教に入らなくても、それぞれの暮らしの中で意識の拡大は可能なのです。

例えば、東京に住んでいる40代の会社員がいて、会社の人間関係と恋愛で悩んでいて八方塞がりだとします。その人が、「私はいつも他人を敵対視しているな。そのパターンをやめて、心を開いてみよう」とパターンを変えたとします。その結果、嫌だと思っていた同僚が案外いい人で、飲み会に行ったら楽しかったとします。これは意識の拡大が起こり、精神的豊かさを獲得したということです。

また、女性らしい服装が苦手で、彼に甘えることが苦手だった人が、本当は着たかったセクシーな服を着て彼に甘えられたなら、それも意識の拡大なのです。このように、精神的豊かさを獲得するために、何も山に籠る必要はないのです。

今いる自分の場所で、職場で、人間関係で、いつも陥っていた思考パターンから抜

けて可能性を広げていくことが、意識の拡大で精神的成長だということです。

私は会社員時代に「どうしたら今いる場所で意識の拡大ができるだろう？」と考えました。そして人嫌いを克服し、自分を出せるようになった結果、年収が100万円アップしたり、起業の道が見えてきたり…と物質的豊かさもついてきたのです。

その後も「顔出しが嫌だ」「うまく話せないのにどうしよう」という自分の苦手を、心のサビを除去して乗り越えることで、意識の拡大が起こりました。その結果収入は増え、物質的豊かさは想像していた以上に叶えられました。精神的豊かさ＝意識の拡大＝できることが増える、ということです。

その結果、人付き合いができるようになり、自分を表現できるようになると収入もついてくるのです。なぜならお金の流れは人付き合いで生まれるからです。私は人嫌いを克服したことで、人を愛せるようになりました。セミナーに来られる方の痛みや努力を感じられるようになり、かける言葉も変わったのだと思います。

「精神的豊かさに物質的豊かさはついてくるのか？」という実験を、何度も繰り返し、さらに私だけではなく、セミナーを受講した方にも実験をしてもらいました。その結果断言できるのは、**「意識の拡大をすれば、やりたいことがやれる、物質的豊かさはもたらされる」**ということです。

実際、意識の拡大が起こって収入に困った方を見たことがありません。なんらかの形で収入が増えているからです。お金や成功という外側を追っていたとき、たしかにお金だけ増えた時期もありますが、幸福感はありませんでした。また人間関係が良くありませんでした。一方で精神的豊かさを手に入れた結果、欲しかったものすべてが手に入ったのです。

彼から守られ、どんな自分も受け止めてもらえる関係性。お互いが成長し続けて、影響し合えるパワーカップル。全国にいる大切な読者さん、講座受講生さんとの繋がり。新しい研究結果をシェアできる著者仲間。病気で壁づたいに歩いていたのが、山を走れるようになった体力。自然を身にまとえる美しい着物。花を生け、お気に入りの食器やアートに囲まれる暮らし。頑張って大学まで出してくれた母への感謝。それらすべてが手に入りました。

この実験で気づいたのは、誰かが言っていた「お金持ちになって、豪邸に住んで、高級外車に乗って…」という「固定された幸せ像」を目指す必要はないということです。ある人は「私はSNSで見るような、華やかな成功はしていないから…」と言っていました。けれども**自分の意識が以前よりも広がることが精神的豊かさであり、これからの時代の成功です。**

自分がいる場所で意識の拡大が起こり、以前よりも自由になれているなら、それは成功しているということなのです。働き蜂の活動に優劣はありません。豪邸に住んで、何億もお金を稼ぐことが成功とは限らないのです。「どうやったら美味しい味噌が作れるんだろう？　そのために苦手なあの人に聞いてみよう」と人見知りを克服できたなら成功なのです。数字が大きいほうが、たくさん所有しているほうが幸せという価値観は、ひと昔前の土の時代のものです。

私がこの古い価値観を使っていたとき、「世の中で言われる成功者＝すごい人」と思っていました。そのため、私もそこを目指していた時期もあります。でも、社会で言われる「成功者」に少し近づけたとき、楽しい感覚や満たされた感じはありませんでした。経験してみて「これは私の目的ではなかった」と気づいたのです。そこまで費やした時間もお金も労力も多大なものだったので、「やってしまった…」という落ち込みは激しかったです。すべてを捧げて手に入れたものが、違っていたのですから。

でもこの経験のおかげで、「世の中が欲しいと思っている幸せを手に入れても、私のデータ収集の目的とは合致しないのだな」と気づきました。今では「自分の意識の拡大」に集中しているので、他人が気にならなくなり、毎日が充実してとても楽しいです！　**物質的豊かさを優先する生き方を手放し、精神的豊かさを追う生き方に変えて、本当に良かった**と思っています。

3 時間軸のトリックに気づき、「今あるお金」で豊かになる

少し難しいのですが、精神的豊かさも手に入れてお金を攻略するには、**「時間は過去から未来に流れるわけではない」**という考え方が必要です。

母子家庭で育ったこともあり、お金＝幸せになれると強烈に思い込んでいた私。物質的豊かさにどっぷりはまっていた頃から、精神的豊かさに切り替えられるようになったのは、これに気づいてからです。

時計を見ても、秒針が過去から未来に流れていますよね。カレンダーを見ても、過去から未来に数字が流れています。

あまりにも当たり前すぎて気づくのが難しいですが、この「時間が過去から未来に流れている」というのが嘘だったらと考えたことはありますか？

私がこれを疑い出したのは、量子力学を学んでからです。

量子力学では、私たちをバラバラにすると素粒子で構成されていると言われています。これは物理学で、もう明らかになっていることです。その**素粒子には、時間の制約がありません。粒は波のように漂っているだけです。**

つまり、「今」というこの瞬間が永遠に続いているということです。そこに地球では重力がかかるので、肉体が劣化して歳をとっているように「見える」ということです。でも意識を拡大し続ければ、**精神的には歳をとるどころか成熟していきます。**

この考えがなぜ重要かというと、**すべては波動だから**です。

私が病気で人嫌いで、人生最悪だったとき「なりたい自分」はありましたが、「私には能力がないから」「私はダメだから」と手を伸ばすことすらしませんでした。

でも、私たちの存在が素粒子だとすると、豊かさには豊かさの波があるということです。**豊かというのは感謝の波動であり、キメが細かいというイメージです。**怒りやイライラの波動は波が荒く、あちこちぶつかってしまいます。

当時の私は365日イライラしていたので波動は荒く低いものでした。理想のなりたい自分はいつも花を飾っているだろうと思ってはいましたが、「今の私に花を飾る価値もないし、花に使うお金がもったいない」と思っていました。

まさしくこの考えこそ、人生が低空飛行で維持してしまう原因でした。その頃、「もっと収入があったらお花を飾るけど」と思っていました。望む量のお花を常に飾るのであれば、ひと月に数千円はします。1万円くらいになるかもしれません。でもそんなお金の使い方は「私にはできない」と思っていました。今思えば滑稽ですが、数千円のお金も、お花屋さんもあるのに、私はやっていなかったのです。そして、それがやれない理由を「十分なお金がないから」と思っていました。

お花が大好きな私にとって、ちょっとしたお花が部屋にあるだけで気分が上がります。気分が上がる＝波動が上がるということで、精神的豊かさを獲得しているということです。でも私は病気になるまで、花を飾ることができなかったのです。

これが何を意味するかというと、**素粒子に時間が関係ないならば、豊かになる法則は「今すぐ理想の自分になる」ということです。**つまり当時の収入で、理想の自分のように花にお金をかけて飾るということをしないと、豊かさの波動に一致しないということです。

◆波動を先に出せば、望む現実がやって来る

「お花を当たり前のように飾っている自分」と「お花を飾るのにも躊躇《ちゅうちょ》する自分」は何が違うのでしょうか？　私の場合、前者は「自分が気分よくいることが大事」と思っていて、後者は「自分の気分よりお金が減るのが怖い」と思っていました。

素粒子には時間がなく、永遠に「今」を繰り返します。ということは、私は「お花を買わない」という行為で、「自分の気分よりお金が減るのが怖い」という現実を選択していたということです。

今は永遠に繰り返されて未来になりますから、未来もずっと「自分の気分よりお金が減るのが怖い」という現実になってしまうのです。たとえお給料がアップしても、別のところでお金が出ていって、結局「自分の気分よりお金が減るのが怖い」が叶う現実が起こるということです。

このしくみに気づいたとき、ゾッとしたのを覚えています。

なぜならこの部分を修正せずに、「自分の気分よりお金が減るのが怖い」という延長でものごとの選択をしていたからです。その頃は何をやってもうまくいかず、毎日不安に怯えた生き方をしていました。これがお金の洗脳です。

豊かになるには、今あるお金で、今ある体力で、今いる職場で「理想の自分」になったつもりで、出し惜しみせず願いを叶えなければいけないのです。

「今、実際に手元のお金が増えたわけじゃないのに、そんなの怖い！」と思うかもしれません。でもこの**「怖い」という感覚自体、輪廻の中で吸収してきた「嘘」**なのです。私がたった数年で最悪の状態から、想像以上の人生になった秘密はこれです。

今手元にないのに、理想を生きることを繰り返したからです。理想の自分の波動を先取りしたということです。

こうして意識の拡大を繰り返して、「お金ではなく自分の気持ちを優先しても大丈夫」という安心感を育てていきました（もちろん怖くて冷や汗のときもありました）。

この実験は、私の中でも一番怖くて手強いものでした。心のサビの中でも、お金に関するものと性に関するものは手強いです。でも、壮大な実験をして抜けられたことで、とても大事なエッセンスをこうして伝えていけるのはありがたいことです。

なぜなら物質的豊かさから精神的豊かさへ移行する際、このお金に関する心のサビを除去しなければいけないからです。もし今、叶えたい未来があるのにお金や労力を出し惜しみしていたら、この先も大きな変化はありません。

なぜなら**波動は「先出し」で、いつも理想の自分に合わせていかなければいけないからです。現実がやって来るのはその後です。**

営業職だった頃、震えながら購入したスーツケースがあります。

当時、出張が多く、キャスター付きのスーツケースをよく使っていました。でも、キャスターがスムーズに動かないので、荷物が運びづらく出張で疲れてしまいました。そのときに、当時の部長が某ブランドのスーツケースを持っていました。当時、6万円程度でしたが、その値段を聞いたときにびっくりしました。

なぜなら仕事で使うものはなるべく安く済ませたかったからです。でも部長が、「キャスターがスムーズだから疲れないよ。6万円でも日割りしたら安いだろ。良いものを修理しながら長く持て」と言いました。抵抗感しかなかったし、「スーツケースに6万円出せるって、部長の年収があるからでしょ！」と思っていました。

でも、「本当にそうだったらその世界を見てみたい！」と、勇気を出して購入してみました。結果は大正解で、キャスターが自在に動いて疲れないので、移動がびっくりするほど楽になりました。当時は理屈がわかりませんでしたが、「未来を先取りする」をやっていたのです。

今の自分が幸せでないと、幸せな現実はやってきません。

これに気づけば、先に今あるお金を使って、体力を使って、人脈を使って幸せになることが必須とわかるのではないでしょうか。

過去に焦点をあてる心理学の限界

また、心理学を学んだからといって、必ずしも自分らしい人生が送れるとは限りません。むしろ最近感じていることは、心理学で「自分が苦しい理由」がわかっても、望む人生にはならないということです。

その理由は、心理学は過去の生い立ちに今の生きづらさの原因を探るものだからです。たいていは親子関係の見直しがあり、親にどのような声がけをされたか？　トラウマとなるような原因はあったか？　を調べていきます。そして、母親との関係が最も心理学で語られる部分であり、今の自分を形づくるものと言われています。

私が心理学に出会ったのは、製薬会社で精神科の営業職についていたときです。薬の営業をしていたのですが、心理療法なども併せて勉強することが求められます。ちょうどその頃に自分がうつ状態になったことから、今まで学んだことを自分に試してみようと人体実験を始めました。最初は、自分が生きづらかった原因は母親との関係にあると知り、衝撃でした。そして生育環境下で身につけたパターンから脱却するというのは、一定の効果もありました。

でも、ある程度辛い時期を抜けたとき、ふと私が「自分がうまくいかないのを、母親のせいにしていないかな?」と感じたのです。私がなりたい自分になれないのは、お金がなくなることを怖れて、バカにされるのを怖れていたから。どう考えても、母親が関係しているとは思えませんでした。この頃、心理学やアダルトチルドレン、インナーチャイルドセラピーなど、**過去に原因を見つける手法に限界を感じていました。**

例えばお金の呪縛から抜けられないのも、今を幸せに生きられないことが原因です。また、今の資本主義社会の体制も大きく影響しています。お金の呪縛を受けていない人は、今の世の中にほとんどいません。

それを親のせいにするのは酷な気がしました。親もこの資本主義社会で育っているので、本当の自分を生きられない人も多いでしょう。それなのに自分だけが被害者的な考えをするのでは、いつまでも本当の自分を生きられないと思いました。

この心理学のつまずきで非常に悩んでいた頃に、**時間軸のトリック**に気がつきました。簡単に言えば、**今が幸せになれば、過去の解釈も変わります。**辛い過去があっても、「あのときがあったから今の自分がある」と感謝に変わるからです。

ということは親が自分の生きづらさの原因ではなく、「今、自分が幸せではないこと」が本当の原因だということです。**心理学では「過去から未来に時間が流れている」というのが大前提です。でもその大前提が、違っていたら？**

私が理想を叶えられないのは、親や生育環境の影響はあっても、すべての原因ではない。今の自分が幸せになれば、過去も未来も変えられる。この気づきで、停滞していた場所から一気に抜けることができました。

自分が苦しい理由を、過去をひもといて分析するよりも、今すぐ幸せになったほうが早いでしょう。

そのため、私はいつも**「学ぶより行動したほうが早い」**とお伝えしています。複雑な心の中を学ぶよりも、**なりたい自分になるために「どうしたら良いだろう?」と考え、動いたほうが早く結果が出る**からです。実際、心理学や退行催眠などを学んだ方で、大きな変化がないという方が多いです。

それよりも**「どんなふうになれたら自分は幸せか?」「どんな未知を既知にしたいか?」**を問うて、そこに向かって歩み続けるほうが良いと思います。

4

「笑顔の数を増やせる人」に、お金はやって来る

あなたは「お金の生み出し方」を知っていますか？

「どこかに就職するってこと？」と思ったかもしれませんが、それはお金を生み出すひとつの方法にすぎません。お金を生み出すにはレシピがあります。それが**「笑顔をつくること」**です。**つくった笑顔の数が多いほど、収入は増えていきます。**

というのも、**お金はそもそも「ありがとう」を形にしたものです。**

つまり**感謝を物質化したもの。**お金を生み出すということは、「ありがとう」をもらえているということ。だったら、どうやって「ありがとう」をもらえば良いでしょうか？　そこで必要なのが、**相手の痛みがわかるスキル**です。

世の中にはいろんな人がいますよね。ということは、彼らが何をしたら「ありがとう」と言うかも、本当にさまざまであるということです。

私が衝撃を受けたのは、「レンタル何もしない人」です。人をレンタルするのですが、何をするでもなくただ横にいるということのために、お金を払う人がいるのです！　悩みを解決するでもなく、励ますでもなく、慰めるでもない…それでも、何も言わずにいてくれるだけで心が癒されたという人もいますよね。

何が言いたいかというと、**「人が幸せになる理由は多数ある」**ということです。その中で、自分ができるスキルとマッチしていれば笑顔になってもらえるので、お金が発生するということですね。

会社員やアルバイトなど雇われる立場で働いていると、「誰かに雇われてお給料をもらうしか、生きていく道はない」と思いがちです。けれどもお金のしくみを知っておくことで、会社員をしながらでも「お金の種」を育てておくことは可能です。

会社員が良いとか起業家が良いというのではなく、**「自分の人生をこんなふうに生きたい」という羅針盤**があって、働き方はそれに付随します。

収入は、**「笑顔にした人の数が多いか、笑顔にした差が深いかで決まる」**ということです。例えば今の私は会社員の頃よりも収入が多いですが、それは①営業職時代よりも、笑顔にできる人数がより増えたから、②営業職時代よりも、より深い悩みの人を笑顔にできるようになったからです。

会社員の頃は、関われるお客様の数は限りがありました。今ではネットを使ってより多くの人にアプローチできます。さらに会社員の頃は売るサービスが決まっていたので、人生を変えるほどの変化は提供できませんでした。でも今は、生きるのが辛くてたまらない人が、夢を叶えて別人のように生き返るサービスを提供できているので、この法則に合致しているということです。

会社員なら雇用先の会社の人もカウントされるので、雇用主の人たちと関わるお客様をより広く、より深く笑顔にできれば収入がアップするということです。

もし出版社で働いているとしたら、より本が売れて、悩みが解決するサービスを提供できれば笑顔が増えます。そのため、「どうやったら、もっと本を買ってもらえるか?」と考えて、独自のキャンペーンを打って、購買層をリサーチしていくという手法があるかもしれません。また本の売れ行きが芳しくないなら、リアルセミナーを開催して売上を作ることも可能でしょう。このように、与えられた仕事だけではなく、

自分で考えて笑顔を増やせる人が、これから重宝されていきます。

例えば看護師をしていて、キャリアの中でたくさんの人のお悩みを聞いてきた経験があったとします。ひとくちに「看護師」といっても、医療面の仕事やマネジメント、コミュニケーションなど細かな仕事で構成されていますよね。その細かな仕事に分割して、悩んでいる人がより多いところに笑顔を届ければ良いということです。

最初から大きな笑顔をつくろうと思わなくて良いのです。最初は小さなことで大丈夫なので、**「自分のスキルや経験が、誰の笑顔をつくれるか?」**を考えていけば楽しくなってきます。そのスキルや経験が、とんでもなくすごいことでなくてOKです。

私自身、会社員でありながら精神的自由を獲得したわけですが、もっとすごい人だってたくさんいたのです。上を見れば、組織に属しながら精神的自由を手に入れている人なんてごまんといます。

だけど、仕事も恋愛もうまくいかず自分が嫌いなアラサーの女性が、心を整えて人生が変わったスキル。「きっと誰か欲しい人がいるのではないか?」と思ったのです。

私はもともと、営業成績最下位のダメ社員でした。「私はあんなすごい先輩みたいになれない」と思っていました。でも、会社の中ですごくなくても、生きる道はあると思ったのです。

そのきっかけは、こんな経験からです。毎年たくさんの新薬が発売されます。でも、効果が優れている商品が売れるわけではありません。営業力や広告、プロモーション…それ以外にも「副作用が少ないから」「胃に優しいから」という、効果とは直接関係がないところで選ばれ、売れるものもあります。

「優秀だから売れるわけではない」と気づいたのです。大事なのは優秀になることではなく、**「自分の特徴」を生かす**こと。ここに気づけたのは大きな出来事でした。

私たちは子供の頃から学校で、成績が良い人＝すごい人と思い込みがちではありませんか？　優秀な成績の環境の中にいれば、周囲からすごいと認められ、収入が上がり、幸せになると思ってしまいます。どちらかというと成績が良くて、進学校に通っていて、真面目な性格だった私は強烈にそう思い込んでいました。それは自分の可能性も、人生も非常に狭めた見方だったと思います。

私はＢＥＦＯＲＥの状態がボロボロで、病気も挫折も経験してきました。つまり隠したいくらいの失態が強みになり、お金を生んだということです。

ですから、「今までダメダメだったから、これからもダメ」ではなく、いろんな角度から自分を見直してほしいと思います。会社員をやりながらより広い視点を持てば、今までに見えなかったお金の流れが見えてくるはずです。

その際に大事なのは、どうやってお金を増やすかの一歩手前である、**「どのような自分で臨むか」**です。なぜなら多くの場合、心のサビがあることで「お金になる手法」が思いつかないからです。

私の例ですが、会社員時代、収入アップを望んでいましたが、最初あまり変化はありませんでした。「どうしたら収入アップできるか？」を考えたとき、営業職でしたので「営業成績を上げることかな？」と思いました。

でも、そもそも営業職としてどうすれば売上が上がるのか？　という基本的なことも私はわかっていませんでした。わからないなら教えてもらうしかないので、先輩や上司に聞くしかありません。そのとき、「バカに思われるのでは？」「そんな初歩的なこと今さら聞けない」「恥ずかしい」が出ました。これが心のサビです。

「こうすれば収入アップするな」とぼんやり見えていても、そこには必ず、自分にとって抵抗のあることが含まれています。私が手放したのはこの波動で、その結果、先輩や上司になんでも相談することができ、営業成績を伸ばしていけました。

「抵抗感を感じること」こそ除去していこう

夢を描くことについて理解していただきたいのは、夢を叶えることはさほど重要ではないということです。それより大事なのは、**「夢を抱くことで、心のサビを浮き上がらせることができる」**ということ。

私たちは望まぬ波動、「私にはできない」「私には価値がない」「ちゃんとやらなきゃ」「失敗してはいけない」などを除去しなければ、本当の「自然体である自分」に戻れません。「あれができない」「これができない」という自分は、実は非常に不自然なのです。ということは、今の私たちはとても不自然だということです。

そこから自然体に「戻る」ためにも、望まぬ波動を削ぎ落とします。夢を抱くことで自分の中を掃除する。それが本当の目的であり、すると現実はどうしたって豊かになってしまうのです。これが物質主義時代の在り方と大きく違う点でしょう。

今、「もっとこうなったら、人生楽しいのにな」と思うことはありますか?

それを思い描いた際に、抵抗感や苦手感はありますか？

手放すのはその抵抗感であり、「無理してチャレンジしないことが自然体」なのではありません。収入アップした未来の自分は、その抵抗感を持っているでしょうか？もしないと思うなら、そこが収入アップを阻む壁になっているということです。


私が会社員を辞めたあと、「抵抗感があること」しかありませんでした。自分の意見を言うこと、写真や動画に撮られること、人に指導すること、話を聞くこと…でもそれを「やらない」のではなく、**「やりながら、望まぬ波動を落とす」**ことをやってきました。もしこの波動を使い続けたなら、そもそも会社員時代に「上司に聞こう」と思い浮かばなかったでしょう。心のサビに触れると、不安や不快を感じます。

それを避けるのではなく、見つけて除去しなければいけません。抵抗感があることのほうが、心のサビが隠れていることが多いでしょう。

今もし、お金がもっと欲しいと思うなら、今の自分がどうやったら収入アップできると思いますか？　きっと思い描いたときに**抵抗感**があるはずです。

除去すべきはそれなのです。

5 「本当に望むもの」がズレていると、お金は増えない

望んでいるのに手に入らない場合、それは希望のズレが起こっています。

お金が欲しいなら、「いつもお金のことを考えていれば、引き寄せられる！」と思っていませんか？　実はお金のことばかり考えていると、「私は貧しいです。だからお金が必要です」というネガティブな波動を出してしまいます。

こういう場合、たいていは望みがズレています。

今お金が欲しいと思うなら、その理由はなんでしょうか？　安心したい、欲しいものが買いたい、自分の有能さを感じたいなど、理由はいろいろでしょう。

例えばお金が欲しい理由が、安心したいからだったとします。今、すでに安心している人は、「安心したい」と願うでしょうか？　きっと、すでに叶っているので願いもしないでしょう。ということは、「安心したい」と願うこと自体、「今、私は安心していません」を認識しているということです。

脳は、今の状況を認識して動きます。「今、私は安心していません」を認識すると、脳はそれと同質のものを証拠として集めようとします。つまり「今、私が安心できない事実」ばかりを拾ってしまうのです。すると、「お金がなくて、自由に意見を言えない職場の環境が嫌だ！」と認識したり、「欲しいものが買えなくて安心できない！」という不足を観測したりします。もしそのままの脳の使い方で、年収が2倍になったら何が起こるでしょうか？　収入が増えて余裕なはずなのに、同じように嫌なことばかりを拾ってしまうのです。それで本当に幸せと言えるでしょうか？

このように、**希望がズレていると、願いはいつまでたっても叶いません。**

安心していない状態でたとえ収入アップのために仕事量を増やしたとしても、物理的に収入は増えるかもしれませんが、肝心の安心感は手に入らないのです。これでは外側のパッケージだけ似せていて、中身は空虚なままですね。

この場合、本当の望みは「お金が欲しい」ではなく、「今すぐ安心したい」です。ならば、その中身を叶えてあげれば良いのです。「今すぐ安心するために、何をしたら良いだろう?」と考えて、それを実行します。すると今すでにある安心を数え出します。

今すぐある安心を数えるということは、「私には安心があります」と脳が認識することになり、「私は豊かです」という状態になっているということ!

この延長線上に、心もお金も豊かな人生が待っているのです。

今すぐ欲しい豊かさに、自分自身がなってしまえば良いのです。そうすれば豊かさを「欲する」のではなく、「感じられる」ようになります。

自分が本当に欲しいものを把握しよう

このように、自分の望みと本当に欲しいものがズレていることは、よくあります。むしろほとんどの方は望みがズレています。なぜかというと、願いの表面的なところだけを見てしまっているからです。でも大事なのは、その中身。

お金が欲しいと思っても、その中身は人によっては安心かもしれないし、自分の実力を感じたいからかもしれません。その中身が「今すぐある」と観測を始めることが、豊かさの波動に一致するということなのです。

また、豊かになることを望んでいるのに、どんどんお金が出ていってしまう人がいます。昔の私がそうだったのですが、いつも月末になるとお金がありませんでした。でも、これといって何に使ったかも覚えていないし、お金を使って幸せになった感覚も薄かったのです。

人によっては、借金をしてしまう方もいるでしょう。このように、入ってくるお金よりも出ていくほうが多い人には共通点があります。

それが、**「不安に使ってしまっている」**ということ。

こんなお話があります。本当の自分を生きられず、それがストレスになるので、毎日ビールを6〜7本飲んでいるという方がいました。

缶ビール1本が約250円だとすると、6本で1500円になります。それを月に20日飲んでいるとして3万円。1年で36万円です。

ビールが大好きで、「ビールを飲むと毎日頑張れる！」「より良い人生を生きるのに必要！」というポジティブな動機なら良いのです。でも、なんとなく不安があり、それを打ち消すために飲んでいるなら、この年間36万円は無駄だということです。ビールを飲んだところで、本当の意味で解決にはなっていないからです。

このように、買い物やアルコール、甘いものなどで不安を紛らわす行為は、お金が流れていってしまいます。このタイプの人は、自分が何に不安を感じていて、どうすれば解消されるのか、自分の気持ちを詳細に聞き取ることに対して罪悪感があります。幸せになることに抵抗があるので、直視しないのです。でも、それだけのお金があれば、他の用途に使ってもっと幸せに生きることができるはずです。

また、お金が流れていく人には部屋が汚い人が多いです。部屋が汚くて、お金に愛される人はいません。なぜなら無駄なものばかり買ってしまい、使っていないからです。それはお金に対するリスペクトがないということ。

ものを大事にするというのは、使ってあげることです。高価な服も、しまわずにどんどん使うことが大事です。「もったいなくて着られない」というなら、それはその洋服が自分より大事だということ。自分に対する尊厳が欠如しているサインです。

6

「めんどくさい」は、進むべき方向性がズレている証拠

これまでの時代は「手に入れること」が重要でした。物質主義の時代では、どれだけ所有するかがいちばん大切なことだったからです。

一方でこれからの精神主義の時代では、**「どれだけ、これまでの自分を捨てられるか」**が大事です。その中で、よく陥りがちな罠があります。

やりたいことやなりたい姿があるのに「めんどくさい」と感じたことはないでしょうか。実はこの「めんどくさい」も心のサビの一種です。

そもそも私たちは、目的ありきでこの世界に生まれています。ということは、経験することをとても楽しみにしてきたということ。

それなのに、いざ目の前にこれまでずっとやりたかったことがあるにもかかわらず……「めんどくさい」と感じるのはどうしてでしょうか。

これは、物質主義的な価値観から来たものです。この価値観では、「どれだけ手に

入れられるか」の他に、「安定すること」が大事でした。つまりたくさん所有して、生命の危機を感じずに安定して暮らすことが何よりだったのです。

けれども、これからの時代はその逆になります。**「今までの自分を脱ぎ捨てて、なりたい自分になるために変容できるか？」**が大切になります。ということは、たくさん所有することも安定した暮らしも、優先度が下がっていくということです。

「めんどくさい」は、その裏に「今の安定した現状を変えたくない」「新しい環境に飛び込むのが怖い」「手元のお金がなくなるのは嫌だ」という抵抗があるのです。

その抵抗を具体的に言語化できないと、私たちは「めんどくさい」や「なんか嫌だ」という感覚で捉えるのです。

私の経験上、めんどくさいと感じていることほど、サクサクやってしまったほうが良いと思っています。そして、それをめんどくさがって「やらない」が続くと、なりたい自分になれないのです。

最初にYouTubeの撮影をした際、本当に準備や撮影が億劫でした。着付けにヘアメイク、カメラセッティングや台本準備でもずいぶんと時間がかかります。編集も含めると、たった10分の動画を撮るのに8時間ほどかかっていました。「自分の経験をもっと発信して、自由になれる人を増やしたい！」という思いは心からありましたが、いつも撮影が楽しいと思っていたわけではありませんでした。

そのときに、「これだけ抵抗感があるから、やりたくなかったのかな」と思い、途中で休んでしまったことがあります。

そのとき気づいたのですが、「めんどくさい、しんどいという理由でやめても何も変化はない」ということでした。**なぜならその思いの裏に、「ちゃんとしなきゃダメだ」「どうせ私の話なんて聞いてもらえないだろう」という心のサビが眠っていたからです。**これを除去せずに避けるだけでは、意識の拡大は起こりません。

そこではっとしたのが、あの抵抗感は「バカに見られたくない」「今のままで十分幸せなのに」という物質主義的な価値観の名残だったと気づいたことです。私はもっと自分の可能性を広げたいし、できることを増やしたい。意識の拡大をすれば、今までしんどいと感じていたことが楽になっていきます。それだけではなく、たくさんの経験をすることで、他人の頑張りが肌で感じられるのです。他人の努力にも気づけず、感謝もできなかった昔の私に戻りたくはありませんでした。それが抵抗感のあるYouTubeの撮影によって、心のサビが外れていったのです。

✦「めんどくさい」の背景にあるメッセージを読み解く

チャレンジしたいけれどしんどいこと、めんどくさいことってありますよね。つい避けたくなるのもわかります。そんなときは**「これができるようになるのと、できないままでいるの、どっちが私にとって幸せ?」**と聞くと良いでしょう。感謝で満ちた人生にするには、たくさんの経験が必要です。

私には、感謝ができず文句ばかり言っていた会社員時代がありました。

あの頃は傷つくことを怖れて行動していなかったので、経験が足りていなかったのでしょう。そのため、商品を購入してもその裏にどれだけの人が関わっているか、感じることができませんでした。

だから本を山のように読んでも、実践できなかったのです。本1冊の重みを、感じられなかったからです。今では本1冊ができるまでに、どれだけの時間をかけ、お金をかけ、書き上げる労力がかかるのかわかります。

そのため、新しい本を手に取るたび、喜びでいっぱいになります。どれだけの経験をされたのだろう。きっと悩むこともあったのではないか。毎日原稿を書くのが大変だっただろうな。そう思うと、「こうしたら良いですよ」と書いてあることも、素直に実践しようと思えます。だからきっと、誰よりも本を使い倒していると思います。


例えば乳幼児が歯磨きを覚えるとき、最初は無理やり親から歯磨きをさせられますよね。そのとき、とても不快で耐え難かったでしょう。でも健康に生きるなら歯磨きは外せません。こんなふうに、私たちはそれがいくら自分の幸せを作るものであっても、「慣れていない」という理由ではじいてしまいたくなります。

子供の頃にずっと親から殴られて育った人が、「私は尊い人だ」という感覚を馴染ませるには、とても抵抗があるでしょう。でも「私は殴られても仕方ない人だから」という過去を繰り返していても、望む自分にはならないのではないでしょうか。いくら幸せなことでも、慣れていなければ最初は違和感があるものです。

これと似たようなことで、よくスピリチュアルの世界では「直感を信じましょう」

と言われますが、私は信じないほうが良いと思っています。なぜなら直感は、これまでの経験によって導き出された答えだからです。もし経験が少ない人が直感でひらめいたとしても、その答えがズレている可能性が高いでしょう。それなら冷静にデータを見て判断することも大事です。

「めんどくさい」というのも、いろいろな感覚が団子状になって、それが言語化できていないときに起こることです。一度そのめんどくさいの声に従って、「やらない」を選択し続けるのも良いかもしれません。それで理想の自分にはなれないと経験しなければ、わからないからです。

そして、自分の感覚をもっと鋭敏にキャッチするためにも、本を読み、言語能力を高めておくことが大切です。語彙力がなければ自分の感覚を言葉にすることができません。そして、相手に自分の望みを伝えることもできないからです。

「エネルギーを上げましょう」というスピリチュアル的なアドバイスがありますが、これでは抽象的すぎて伝わらないなと思います。どの部分のエネルギーを上げるのか？　体温？　筋肉量？　血液量？　そこまで特定できれば、もっと自分を幸せにするために何が必要か、詳細にわかるはずです。「めんどくさい」という感覚が自分に何を気づかせようとしているのか、試行錯誤して読み取ってあげることが必要です。

そして、「めんどくさい」という気持ちは、そもそもの「自分が向かう方向性」がズレている証拠でもあります。意欲が減るのは、お金や評価のために生きているからなのです。

それらと関係なく、**「こうなったら嬉しいな」「こんなふうになれたらもっと充実するな」「これができたら自分の可能性が広がるな」**というものはなんでしょうか？それを持ち合わせておらず、お金や評価という外側の目的で生きるから、めんどくさいという気持ちが出るのです。

これは怠惰な性格だからではなく、**目指す方向性の問題**なのです。

7

「生きる目的」があると、進むべき方向性が見えてくる

仕事が楽しくないという人には、目的がありません。仕事が、ただお金を稼ぐためとか、生活のためという理由なのです。

私が普段やっている仕事は、精神世界について学び、発信し、人に教えること。またネットショップの商品開発や販売もあります。会社員時代は製薬メーカーの営業職だったので、やっていることが違うのか？　というと、業務内容自体はあまり大差ないのでは？　と感じています。人と話してお困りごとを聞き、解決策を提案するものだからです。でも、会社員時代は仕事が楽しくなくて、今はとても楽しいです。

その理由は**「大きな目的があるから」**だと思います。会社員時代の私のモチベーションは、「社会人だから生きていくために働く」でした。今は**「本当の自分を生き**

て、豊かになる人を増やすため」です。モチベーションがまるで違います。この目的があるので、大変なことも「苦に感じない」のです。

間違えてほしくないのは、起業して好きなことをしているので、嫌な業務をしていないと思われることです。決してそんなことはなく、むしろ私の会社はブラック企業で、労働時間は早朝からだし、休みはないし、作業が多いし大変です。YouTubeの動画配信も機材の準備から着付け、ヘアメイク、台本起こし、撮影、編集、アップロードまでとても作業が多いです。

その他に執筆や教材の作成、受講生さんの質問に答えて、勉強もあるし、研究もあるので非常に忙しいです。活動量・作業量は会社員時代の5~10倍はあると思います。なのに、楽しいのです。

それも**「何を目的にしているか？」があるかないか**、それだけなのです。なぜ、目的のない人が多いのかというと、仕事以前に**「私はどんな人生を生きたいか」**がないからです。ただ漠然と「働かなきゃいけないから」で止まっているから。

でも、私たちは仕事をするために生きているわけではありません。

楽しく豊かに生きていくために、仕事をしています。その順序やスタンスが違うのだと思います。仕事はあくまで、自分がなりたい姿になるためのツールです。働くことが生きる目的ではありません。

私は、ダメ会社員から自分を解放してとても生きやすくなりました。同僚も仕事内容も何も変わっていないのに、仕事がだんだん嫌ではなくなりました。それが自分が考え方を変えて生きやすくなったことで、「同じように今しんどいと思っている人にコツを教えたい。自分らしく生きる人を増やしたい」という目的ができたからです。

それができてからは、自分らしく生きる人を増やすにはどうしたら良いか？　という大きなテーマを掲げて「今の私に何ができるんだろう？」を考えていったのです。それは、プライベートも仕事も関係なく、です。そのため、「まずこれを伝えていくには元気でなくちゃいけない！」と思い、食事をきちんと作りました。体調不良がまだあったので、体を温めるようにして、ベッドルームを整えました。職場では、今いる人と話しながら、「相手が少しでも元気になるには、どうしたら良いだろう？」と考えて、自分から話しかけるようにしました。また、服装がスーツだったのですが、「自分らしさを出してみよう！」と思い、レースや刺繍、好みの生地のスカートなど、個性的なスーツを着るようにしました。

こんなふうに、目的ができてからは「それに沿って何ができるか？」を常に考え、実践を重ねていったのです。いつも「食べていくために働くのは当然」と、いわゆる思考停止状態で毎日ただ生きているだけだったのが、はじめて「生きる目的」ができました。ここからはどんどん自分ができることを考えて、自発的に動き出せました。

天職とは自分が向かう「方向性」のこと

「好きなことで生きていきたいです」「ライフワークが欲しいです」とよく相談を受けます。私が思うに、ライフワークや好きなこと以前に、超えるべき課題があると思っています。今いる職場で、なんとなく「これが私にとって課題だな」と感じていることはありませんか？　もし人間関係が苦手なら、誰とでもコミュニケーションできる私になる。営業職なのに売上アップできないなら、できるようにする。

そんなふうに、**できることを増やした先に、ライフワークが見えてくる**場合もあります。

また、別の方法では、仕事の中の何が好きで何が嫌いか、因数分解することもおすすめです。学校の先生であっても、教えることが好きな人もいれば、声かけで生徒の成績が伸びるのが面白いという人もいるでしょう。こんなふうに、**自分が何が好きなのかを「動詞で見る」**ことをおすすめします。

私が会社員時代は、仕事が嫌すぎて好きなこともわかりませんでした。

ただ、人間関係が苦手だったので、それは克服したほうが良いのだろうな、と感じていました。そこを超えられたことで、今ではその「乗り越え方」を教えて仕事になっています。こんなふうに、自分ができなかったことをできるようになることで、それが仕事になる場合もあるのです。

そのため、まずは今の仕事でできるようになったほうが、自分の可能性が広くなるであろう項目をピックアップします。そして、「それをどうすれば、できるようになるか？」の情報を集めましょう。それができれば、仕事の中で好きな業務と嫌いな業務を分けていきます。

いちばん大事なのは生きる目的を導くこと。それに従って生きることがライフワーク、好きなことで生きるということです。**天職とは職業のことを指すのではなく、「自分がどこに向かうか」の方向性のことです。**「自分らしく生きる人を増やしたい！」という思いを抱きながら学校の先生をしても、それはライフワークになります。同じ思いでラーメン屋をやってもライフワークになります。

つまり、**ライフワークとは「思い」のこと**だったのです。

今の時代、指示待ち人間はダメだと言われます。自分で考えて動ける人間が大事と言われますね。それは、**「自分がどんな人生を生きたいのか」「仕事でどんな自分になりたいのか」が決まっていて、その目的を叶えるために自分で考えられる人**が求められているということ。

だからこそ、仕事をいったん横に置いて、「なんのためにやるのか？」「自分は仕事を通じてどうなりたいのか？」を考える必要があります。自分で決めた目的のためだと、たとえ失敗しても幸せです。そして、壮大かつ「どうやってそれが叶ったか指標として測れない」ものだと、なお良いでしょう。その目的のために体作りが必要かもしれないし、美容が必要かもしれない。そんなふうに、総合力で自分を伸ばしていくことはとても楽しいからです。

会社員時代、株で一発儲けてFIREしたいと思っていました。早く労働から解放されたくて、権利収入を謳うネットワークビジネスにはまったこともあります。

でも今、私は死ぬまでずっと働きたいと思っています。なぜなら**働くことは生きることそのもので、自分の可能性が広がること**だからです。

心のがまぐち攻略ポイント4
愛と性を満たす

1 「素直な自分」を出して、離れていく人は放っておく

人間関係でよく聞くお悩みが、「人といると疲れる」というもの。また「心を開けない」というのも同じくらい多いです。

このお悩みがあると、人付き合いが面倒なものになってしまいます。けれども人付き合いがうまくできなければ、人生の広がりも少なくなってしまいます。

私たちの生命力は肉体の強さと思われがちですが、実はそれだけではありません。**私たちの霊体は常に情報交換していて、新陳代謝を望んでいます。**

新型コロナ禍でも味わったかもしれませんが、誰とも会わずにいると、元気がなくなった経験はありませんか？　最初は誰にも会わずに気が楽だと思っていた人でも、誰にも会う機会がなくなると意欲が低下し、活力が衰えてしまいます。

私たちは人に会うことで刺激をもらい、「私はどうしたいか？」を知るのです。つ

まり**人に会うことで、相手を通じて自分を知る**ということです。
人と会う機会がなくなったとか、人が苦手で交流できない人は自分の本心に気づけません。それでは意識の拡大をする充実した人生が送れないのです。

かくいう私も、人が嫌いで一緒にいると疲れるので、なるべくひとりで過ごしていました。その頃は人生の広がりも少なかったように思います。どうしてそれほど疲れていたのかというと、いつも気を張っていたからです。

誰かといるときは、常に「失言をしていないか」「バカに思われていないか」に気が向いてしまい、見張りをしている状態でした。たわいもない会話ができず、自分を大きく見せることで忙しかったのです。なぜ見張りをしたり、自分を大きく見せていたかというと、自分に自信がなかったからです。

それまでは自分の人生を生きるより、「こう生きたら大人として恥ずかしくないだろう」という生き方でした。その裏には「ちゃんとしなければダメ」という思いが強烈にありました。人に笑われないようにしなければいけない。誰かに言われたわけではありませんが、勝手に子供の頃に決めていたのです。少しでも相手に失礼があっては嫌われてしまう。その気持ちから、トイレに行きたくても行きたいと言えず、疲れて帰りたいとも言えず、帰宅して「もう会いたくない」という状態でした。

自分が「あれをしてはダメ」と自分に課して、それを必死に守っていたので、相手にも同等に気遣いをしてくれなければ受け入れられなかったのです。そんな状態なので、どんな素敵な人でも粗探しをしてしまい、嫌いになってしまう！　若い頃はそれでも良かったのですが、年齢を重ねるにつれそんな自分が嫌になりました。

そこでやったのは、「そこまで自分を律して、緊張状態でいなくてもいい」と自分を許すことでした。「ちゃんとしなければ」が強すぎて、あれもこれもダメだという状態で、「着る服も、歩き方も、話し方もバカに見られないように」が最優先事項でした。それを、「バカに見られても良いから楽しんでみよう」に変えたのです。

最初にやったのは、**絶対にバレたくないような自分の隠し事や失敗談を打ち明けてみる**ということでした。実は人の幸せを願えないこと。バカがバレたくないのにバレてしまうこと。お堅い感じなのに精神世界が好きなこと…ものすごく緊張して、汗をかきながら友人に打ち明けたことを今でも覚えています（しかも、打ち明けたのはやっと病気になってからです)。

友人の反応は、「私もそんなことあるよ! 面白い!」でした。きっと嫌われるんじゃないか、失望するんじゃないかと思っていたのが、「こういう話をしたかった、嬉しい」というものでした。その経験で、私が隠したいと思っていたことは小さなことだったんだとわかりました。そこからはその繰り返しで、会う友人に自分の素直な気持ちやダメな話をしました。

それで嫌がった人は誰もおらず、むしろ距離が近くなって、より本音で話せるようになりました。食べたいものは食べたい、今日は疲れているから早く帰ろう、仕事のミスで落ち込んでいる、という自分のことを話すようになりました。すると人と一緒にいる疲れが少しずつ軽減してきました。

この「人疲れ」は、自分を見張ることで過緊張になることで起こります。相手が自分を見張る人だからではなく、自分が常に自分を見張っているということです。自分で言論統制しているのです。それでは疲れてしまいますね。

そして、いつも相手の嫌なところを見つけてしまうのは、一種の防衛反応です。それ以上入り込んでほしくないときに、「あの人はこうだからうまくいかなかった」と言えば、傷つくことがないからです。イソップ物語にすっぱい葡萄《ぶどう》の話があります。本当は食べたい葡萄があるのに、「あれはすっぱいんだよ！」と文句をつけ、望みに手を伸ばさないというお話。そんなふうに、本当は仲良くなりたいのに、怖いから突き放していたのでした。

「人に心を開けない」というお悩みも似ています。相手がどう、ということではなく、「自分の心のうちを見られたくない」という防衛反応です。なぜそこまで心を閉ざすのかというと、**自分で自分を裁いているから**です。

私が心を開けなかったとき、「これはダメ」というルールがあまりにも多すぎました。「本当は可愛い服が着たいってバレちゃダメ、そんな服着ている女性はバカに見えるから」「精神世界が好きってバレたら、変な人と思われる」「実は料理が下手って言えない、女で料理下手とか終わってる」と、自分が本当に好きなことに自分で×をつけて禁止していました。そのため、何か話すとそれがうっかりバレてしまいそうで、突かれたくなかったのです。

これをやめるためには、自分で×しているものを書き出し、○にしていきました。可愛い服を着てもいい。精神世界が好きでもいい。女で料理下手でもいい、というふうに。すると、可愛い服を着て男性に甘えている人が気にならなくなり、素直に「私もそうなりたい」と思えるようになりました。

自分に強く禁止令を出していると、それをやっている人が疎ましく見えます。そのしくみを利用して、「私は何に×がついているんだろう？」と探るのも効果的です。そうして心のサビを除去することで、意識の拡大が起こり世界が広がります。現実が豊かになるには、まず心の中が自由になる必要があるからです。

問題解決より、「その先の未来」が大切

今では100パーセント理想の状態になれているわけではありませんが、人付き合いが好きになり、得意なほどになりました。どんな人も心通わせて話せるのは、自分の中に×が減っていったからでしょう。それに失敗談を話しても何も思わないので、ぐっと距離が近くなる感覚があります。

人疲れしたくないなら、素直な自分でいることです。好きなものは好き、嫌なものの

は嫌。それを言って離れてしまう人とは、無理してお付き合いする必要もないでしょう。**あなたが自然体でいることを「面白い」と言ってくれる人は必ずいます。**完璧な友人を見つけるよりも先に、**自分が自分の存在を許す**ことです。そして、怖れではなく少しでも楽しいと思うことに意識をフォーカスすることです。

自分をうまく出せない人は、職場の人間関係でも悩む傾向にあります。上司と合わない、同僚と合わないなど、このパターンで悩む人には共通点があります。ひとつは前述したように**「自分を出していない」**ということ。そしてもうひとつは**「仕事のスタンスを決めていない」**ということです。

確かに職場で苦手な人がいれば、気が滅入ります。私も会社員時代、男性ばかりの職場で怒鳴ってくる先輩が3人いました。会社では必ず誰かに怒鳴られるので、行くのがとても嫌でした。そのため、どうしたらこの状況を変えられるのか？　と、心理学や話し方の本を山のように読みましたが、改善しませんでした。

でも会社を辞める頃には怒鳴る先輩が近くにいなくなり、もう悩むことはなくなりました。3人とも、別の部署に異動してしまったからです！　先輩たちと「どうしたらうまくやれるか？」を考えていたとき、現実はうまくいきませんでした。なぜなら私は、「嫌な現実に反応しているだけ」で、**「望む現実を生きていなかった」**からです。

本当によくあるのですが、嫌な出来事があったとき、普通はその出来事に対処しようとします。けれども**本当に大事なのは、問題解決よりもその先の未来です。**私の場合も、ただ嫌な状態をやり過ごしたかっただけでした。**その問題が消えた先に自分がどう生きたいか、どんな自分になりたいのか決めていなかった**のです。

「スタンスを決めていない」とは、どういうことでしょうか？　3人の怒鳴る先輩がいなくなったのも、私が「本当は精神世界について発信をしていきたい。そのために人と話せるようになりたい。嫌な雰囲気も明るくできるようになって、楽しい場づくりができる自分になりたい」と**望みを明確にしたから**です。**望みが明確になれば、「じゃあどうやって、それを叶えたら良い？」を聞けばよいだけ。**そこでやったのは、チームの雰囲気を明るくするよう、服装を整え、あいさつをすることでした。

ついやりがちなのは、嫌な人にフォーカスをして、「あの先輩は○○だからダメなんだ！」と相手を批判することです。悪口がいけない、などと言いますが、いけないのは悪口ではなく、その波動にとどまることです。相手の批判をすると、嫌な相手が存在する世界に自分を閉じ込めてしまいます。そのままだと、ずっと嫌な人が存在する世界で暮らすことになります。そんなの嫌ですよね。

そうではなくて、**「すでに望みが叶っている自分だったら、今どういう状態で存在するか?」を考え、今すぐにそれをやる**ということです。

スタンス、というのは仕事うんぬんの前に、**「自分がどう生きていきたいのか?」「どうしたら幸せになれるか?」という指標**のようなものです。ここが明確になれば、嫌な先輩でもどう付き合うべきか、どう攻略するのか、距離感は? ということが自然に見えてくるはずです。人間関係の悩みは、このスタンスがないままに「誰とでも仲良くいなければいけない」というルールに押しつぶされることで起こります。

また、**人間関係で悩む人は体調不良を治すことが先決**でしょう。

貧血や筋肉の緊張があると酸素不足になります。その状態だと酸欠でリラックスした状態にはなれないし、イライラしてしまいます。その状態で誰と付き合おうが、相手の嫌な面が見えてしまうのです。

それを相手のせいにしていては、誰とも付き合えなくなってしまいます。病気になる、ならないのラインではなく、「自分が笑顔で気持ちよくいられるか」のラインで肉体のケアをしましょう。病気にならない程度に食事をさせて、運動もせずにダラダラしていてはご機嫌ではいられません。

また、人間関係が苦手な方は、生活自体、充実感がないという方も多いです。自分の気に入ったものを置き、丁寧な暮らしをすれば安全基地が確保されます。私たちは安全にいられる場所がなければ、能力が発揮できません。

まずは**体や生活を整えて、安心安全の中に自分を置いてあげましょう。**そうすると、人のことも受け入れられるようになります。

「人間関係が苦手」を因数分解すると、酸素不足、筋肉の硬さ、骨の歪み、呼吸の浅さ、肋骨の硬さ、セロトニン・オキシトシン不足がベースにあります。

それらの要因によって、人に心を開けないことが真の原因なのです。

2 恋愛で「心のサビ」を落とし、「豊かな自分」を取り戻す

お恥ずかしいのですが、私は恋愛がとても下手でした。彼に甘えたいし、女性らしくいたいのにそれができず、だんだんと相手が頼りなく見えて別れるというパターンを繰り返していました。

今の夫に対しても同様で、付き合い始めの頃は素敵に見えるのに、だんだんと頼りなさを感じていた時期があります。でもそのときに、「もしかして、そう感じる私に問題があるのではないか？」と自分を疑うようになりました。それまでのお付き合いでは、「彼が頼りないから私が甘えられないのであって、私は悪くない！」と、100パーセント相手の問題で自分が悪いなんて考えたこともなかったのです。

でも今の夫はもともと会社の先輩で、トップセールスマンとしてとても尊敬していた方。自分だけではなくトップセールスマンの部下を何人も輩出していて、同じ会社にいたとき、「この人には逆立ちしても勝てないな」と思ったくらいです。

それくらい尊敬していて頼りになる人とお付き合いできたのに、時間が経つにつれて彼を頼りないと思いはじめている…そのときに、「私の見方に問題があるのでは？」と気づいたのです。

そこで掘り下げていくと、出るわ出るわ、心のサビが山のように出てきました。

お金も同様ですが、恋愛や性に関するところでは、手強い心のサビが出てきます。

逆に言えば**お金と恋愛（性）をマスターすれば、意識の拡大がとても進みます。**

そのため、今お金や恋愛（人間関係）に悩んでいる方にはこう言いたいのです。

「豊かになるチャンスが、いっぱい眠っているよ！」と。ぶつかり、傷つき悩むことも多いテーマですが、それだけ**自分らしさを取り戻すには格好の場**なのです。

私が恋愛で掘り下げて出てきたのは、「弱音を吐いたら嫌われる」「女性らしくいるのはいけない」ということでした。母子家庭で育ったことが影響していたのか、母に負担をかけるようなことを言ってはいけないと、自分でルールを課していました。

それが知らぬ間に深く身につきすぎて、アイデンティティを形成していたのです。

これが恋愛の場でどのように機能したかというと、「本当に思っていることを話さない」ということでした。例えばデートに行ってトイレに行きたくても、車を止めてもらうのが悪いとか、そんなに頻繁にトイレに行くのは恥ずかしいと思って、言い出すことができませんでした。それだけではなく、おなかがすいたことも、何を本当は食べたいのかも、遠慮して言うことができなかったのです。

表面的には意見を言っている人に思われがちでしたが、本当の気持ちを言うことができませんでした。それが重なると、相手に「どうして気づいてくれないの？」と不満が出るようになりました。当時はまだこのメカニズムをよく理解していなかったので、私のことを察してくれない彼が悪い、頼りないと思っていたのです。それが、自分の心の癖によって起こっていることに、まったく気づいていませんでした。

ここが難しいところだと思います。このメカニズムを知らなければ、自分が起こしたことだと気づかずに、周りや相手を責めてしまうからです。当時の私はまさしくそうで、彼に限らず友人に対しても「気がきかないわね！」とイライラして、人付き合いができませんでした。本当は友人の気がきかないのではなく、私が「本当はこうしたい」と言えないことが原因だったのですが。

「女性らしくいるのはいけない」というのも根深い心のサビです。これは女性性嫌悪ともいいますが、恋愛がうまくいかない方のほとんどが持っています。

本当は大人っぽくセクシーな女性に憧れていましたが、当時の私は少年のようでした。ガリガリでパンツスタイル、選ぶ服もやわらかいものではなく、機能的でバカに見えないもの。下着もスポーティなものばかりで、大人っぽくセクシーとは程遠い状態でした。なぜそのような状態だったかというと、「女でいるのは損だ」と思っていたからです。

小さい頃におばあちゃんが、「女はいくら勉強ができても男より下なの」と私に言いました。その年代は男尊女卑が当たり前だったので、悪気もなかったと思います。でも子供の私は深く傷つき、**「女はいくら頑張っても、勉強ができてもダメなんだ」**と思ったのです。それなら、いっそ男になったほうが良いし、認められるということですよね。そう考えた私は、女であることを嫌悪するようになりました。

思春期になって胸が大きくなってきても、「気持ち悪い」と思って嬉しくありませんでした。それを隠すように、猫背になってしまいました。生理が来ても、「どうして女だけこんなにわずらわしいの？　どうして男と対等でいられないの？」と憤っていました。その名残からか、やわらかい服を着て男性に守られているような女性を見ると、いつもムカムカしていたものです。そんな心のサビを持ちながら、「私のことを守ってほしい」と彼に思っていました。

けれども彼が私を守ろうと何かしてくれても、「そんなことしてもらわなくても自分でできるし」と素直に喜べなかったのです。助けてもらえることを、「私が何もできないってバカにしてるの？」と受け取っていたのです。これでは守ってもらいたいと思いながら、叶うことはないですよね。

この人と一緒なら、楽しい人生になるか？

こんな状態でしたから、恋愛の攻略は非常に難しいものでした。

なぜなら私の中にある**「男性を拒絶する思考パターン」**をひとつずつ抜いていかなければいけなかったからです。何度も諦めそうになり、「もう別れたほうが楽じゃない？」と思うこともありました。でも、そこで諦めて古い自分に戻るより、心のサビを除去して尊敬する人と一緒になった自分に可能性を感じていたのです。

このように、「本当にこの人で良いかな?」と思ったときは、**「この人と一緒にいて、人生の可能性が広がるかどうか?」を見ると良いでしょう。**

可能性というのはお金が増えるということだけでなく、あたたかな感情が得られるか、楽しそうか、これまでと違う自分が見られそうかという指標です。

要は**彼といたらもっと幅広い楽しい人生になるか?** ということです。

私の場合、関係を諦めなかったのは彼が素敵だったからということもありますが、きっとこのまま心のサビを除去せず、男性を受け入れることができなければ私は閉じた人生を送るだろうと思ったからです。

トップセールスマンだった彼は、ちょっとのことでは折れません。その忍耐がある人とお付き合いができたのですから、私が本当の自分に還る練習をさせてもらおう、彼なら受け止めてくれると思いました。

あのとき諦めなくて本当に良かったと思います。

3 「本当の自分」に還っていくほど、結婚生活はうまくいく

結婚と性についても、多くの心のサビが眠っています。まず、「結婚したいけれどなかなかできない」というご相談をよく受けます。お話を伺うと、実は心の底で「結婚したいと思っていない」という思いが出てくるのです。

もっとも多いのは、**「本当の自分を見せたら嫌われるのでは」という恐怖心**です。これがあると、適度な距離を保ちながらお付き合いしていたほうが都合が良いわけです。そうなると、彼にもっと私を必要としてほしいけれど自分をうまく出せないということが起こります。その結果、相手も「本当に私は必要とされているのかな？」と距離を感じて、積極的にアプローチしなくなります。つまり自分で相手を遠ざけてしまっているということです。

このパターンを持っている人は、不倫や婚外恋愛に走りやすいです。相手が既婚者だと、適度な距離を保つことができます。そのほうが深いところではメリットがある

ということなのです。その人と一緒になりたいのであれば、物理的に一緒にいる時間を増やすことよりも、自分の中にある「本当の私をさらけ出すのが怖い」という恐怖心を解放することが大事です。多くの場合、うまく甘えられずに育った方が、不倫しやすいです。パートナーに本当の自分の気持ちを表現できない。つい遠慮してしまう。それが積み重なると相手が魅力的に「見えなく」なっていきます。

その状態を脱しようと、他にパートナーを求めるということです。

けれどもこの根本的な心の癖を取り除かない限り、新しい相手を作ってもまたある程度一緒にいると、居心地が悪くなってしまいます。これは相手の問題ではなく、自分の中の問題です。

「結婚してラブラブが続くのは3年」という説を聞いたことがありますか？

これはホルモンが関係しています。**最初の3年はドーパミンが優位になって、ドキドキときめくことが多いのです。**でもそれ以降になると、ドキドキが減っていくのは当然のことです。ここで「もうドキドキしないから」と他に目移りする人も多いでしょう。でも、ここから先が本当にパートナーシップが面白いところ！

3年以降はオキシトシンの関係性になります。自分の心のサビを除去しながら、深く自己開示をしていくステージとなります。ここでどれだけトラウマをお掃除して、本当の自分に還ることができるかがパートナーシップの醍醐味です。

そもそも結婚は、魂を純化するシステムです。一般的なラブラブした結婚生活とは程遠く、喧嘩して馴染めない関係のほうが純化は進むでしょう。たったひとりでも本当の自分を出せる場所があるのとないのとでは、人生に大きな差があります。

どんな自分も受け入れてもらえて、ふたりで協力して人生を作り上げていく安心の場があれば、より能力や才能が開いていくからです。

また、結婚に依存してしまうケースもよくあります。

結婚すれば幸せになれる、と過度に期待しすぎると、「あれ？　こんなはずじゃなかったのに」ということが起こります。なぜ期待しすぎるかというと、それは自分ひとりの人生が充実していないから。ひとりでも趣味があり、仕事が充実して、「こんな自分になりたい」という方向性があり、それに向かって毎日を歩んでいるなら、結婚はどちらでも良いのではないでしょうか。**結婚しようがしまいが、すでにひとりで**

幸せ。そんな人が幸せな結婚生活（またはパートナーシップ）を得られます。ひとりで幸せになれないと、結婚詐欺にあってしまったり、お金を騙し取られるようなことが起こります。このケースは恋愛依存の人によくあることですが、自分ひとりで幸せになれる余地があるのに、そこに向かって動いていないということです。

結婚に依存している人の特徴は、自分が幸せでないことを相手のせいにするということ。こういう人は、よくパートナーの愚痴を言います。

でも、パートナーは合わせ鏡のようなものです。**相手に不満があるということは、それだけ自分ができていないということです。**それを棚に上げて批判していては、せっかく自分が変わっていって、意識を拡大していくチャンスが逃げてしまいます。

今でこそ、理想の夫婦像を超えてしまうくらい仲が良くなった私ですが、元はそうではありませんでした。ホルモンのシステムどおり、お付き合いして数年はドキドキするものの、だんだんとそうではない期間に突入していきました。この頃は私自身がオス化しており、家庭内にオスがふたりいるような状態でした。オス化というのは、「こうしなければ認められない」「こうしたほうがお金が儲かるだろう」と頭で考えて動いている状態を指します。会社員を辞めて独立したものの、何もわからず始めたため、「とにかく稼がなきゃ！」とオス全開になっていました。ほどなくして彼も脱サラして私のバックアップに入ってくれたので、拍車がかかっていたと思います。

当時はまだまだ無価値観が強かったので、「私が家計を背負わなきゃいけない」と必要以上に自分にプレッシャーを与えていたのです。その結果、休むことなくずっと働き続けることになっていました。

それも自分が勝手に背負って、勝手にしんどい思いをしていたにもかかわらず、「どうして助けてくれないの！」とパニックになり、彼を責める状態だったのです。

お付き合いから3年が経つと、「サビの関係性」に移行していきます。今まで表面的に見せていた部分だけではなく、**もっと心の奥深くに持っているお互いの心のサビが出てくる**ということ。私の場合は男性に頼れないサビが山盛りあったことと、「稼がなきゃ！」という思いが合わさってオス化のピークを迎えていました。

そのときに、「私は彼に依存しているのではないか」と気づいたのです。ずっと働き詰めだったので運動もせず、食事もきちんと作っていなかったので体がしんどかったのですが、それは彼のせいではなく、自分がそれを選択したからです。趣味もなしに家にこもっていたのも、自分の選択です。そうやって追い込むことも、自分がやっていたことでした。自分がやっていたことなのに、私は彼のせいにして幸せになっていませんでした。よくよく考えれば、彼に対して「私が楽できるように、お金を稼いでほしい」「いつも楽しませてほしい」「守ってほしい」「かっこよくいてほしい」などなど、要求が半端なく多かったのです。

それも、**自分がひとりで幸せになれないから、彼に求めていた**ということです。

「私は依存していたんだ」と気づいてから、「自立しよう」と思いました。単にお金を稼ぐことだけではなく、「私がひとりでも幸せに生きること」を目標にして、生活習慣を思いっきり変えていきました。

「どうしたらもっと、自分を幸せにできるんだろう?」と考えた末、食事や運動、私が幸せになる趣味の時間や働き方など考え、スケジュールを変えていきました。最初は、恐怖心がすごかったです。独立したばかりなのに仕事以外に時間を割いて良いのだろうか? ゆっくり生け花なんかしている暇があるのだろうか? その時間があったらもっと仕事ができるのでは？　と自問自答したこともあります。でも、私が幸せでないといくらお金があっても、彼と幸せになる未来は作れないと思ったのです。

◆「ひとりでも幸せな人」になれるか？

「依存」と聞くと、「そんなの自分に関係ないわ」と思うかもしれません。私自身、まさか自分が依存していたなんて想像もしませんでした。でもこれをきっかけに、「私は人に依存している」と自覚することができました。彼に対しては、私が自分を幸せにしていないのに、彼のせいにしていました。また、彼が何か考えごとをしている顔を見ると、「私が何かしたのかな？」と不安になっていました。

つまり私の幸せが彼次第になっていたということです。それだけでなく、知人からメール返信がないことにイライラすることも、依存だと気づいたのです。返信が欲しいなら、自分から連絡して用件を聞き出せば良いこと。なのに私はそれをせずに、「この人って常識がないのね」と批判していました。

自分のおしりが重くて、自分の望みを叶えていないのに、他人のせいにしていたということです。そして**自分の機嫌は他人次第になっていた**ということです。

私はずっとそれまで、年中不機嫌で過ごしていました。あまりにイライラが多いので、病気を疑ったほどです。でもそれは、私が食事をきちんととらないことで起こった貧血、ミネラル不足、運動不足、余暇不足だったということ。

そして、「こんなに自分に時間とお金をかけていいの?」という罪悪感で、幸せのために動いていなかったことが原因だったのです。

自立というのは、他人がどうであれ、勝手にひとりで幸せになれることです。そこには経済的なことも含まれますが、**「どんな場所で誰といてもご機嫌でいられる」**ということが真の自立です。結婚生活はふたりでいることで合わせ鏡になり、ひとりでも幸せになれる人間になるための練習場所なのです。ですから、結婚という形にとらわれないことも大事でしょう。深く交流し合い、魂の純化をすること自体が結婚ですから、籍を入れているかどうかはさほど重要ではないでしょう。

こんなお話もあります。彼は年齢がかなり離れているのですが、少し体型が気になった時期がありました。当然、ふたりとも中年なので、放置していれば体型は崩れていきます。でもそのとき私は、彼に対して「体型、どうにかしたほうがいいんじゃない？」という言い方をしたのです（今では恥ずかしいと思います）。でも、夫婦は合わせ鏡。一方だけが素敵で、一方だけがそうではない、ということはないのです。

そのときに、「彼のほうばっかり目につくということは、私へのサインだわ！　彼に変わってもらう前に、私はひとりで幸せになろう」と思いました。そこで、かねてからやってみたかった運動を取り入れ、食事を改善していきました。だんだんと私の体型も変わり、自分で素敵だなと思えるようになった頃、何も言っていないのに、彼も同じようにトレーニングを始めました。口で言っていたときはそれほどでもなかったのに、私がトレーニングを楽しむようになると、彼も積極的に始めたのです。

相手に変わってほしい、というのは、「相手が変わってくれないから、私は幸せになれない」と言っていることと同じなんです。そうではなくて、自分が変わること。自分が動くこと。**その裏にひそむ、「自分ばかり幸せになってはいけない」という罪悪感を超えて、どんどん幸せになっていくことです。**

4 稼いでいる女性は、「お金以外の豊かさ」に気づこう

最近では女性でも、男性に負けない収入がある方も多いです。けれども一方で、仕事は良いけど恋愛は…という方も多いです。そのような場合、女性が無価値観を使っている可能性が高いです。

無価値観とは、**「何もない私には価値がないから、お金や社会的地位をつけて自己価値をはかる」**というものです。これがあると仕事やお金に執着してしまいます。愛し愛される関係には感謝が必要ですが、女性が稼ぐようになったことで男性に感謝できないという声もよく聞くようになりました。

私もここにはまって、夫婦関係が悪化したことがあります。私が会社員を辞めてしばらくして夫が私をサポートするために脱サラしてくれたのですが、だんだんと不満が出てきました。起業していろんな経営者に会うようになると、圧倒的に男性が多く

いました。そして、奥様はのんびり主婦をやっている人が多かったのです。そんな人たちを見て、すごくモヤモヤしていた時期があります。私が好きで独立したものの、稼ぐ男性に養われている女性が、とてもうらやましかったのです。「彼が稼いでくれたら私は幸せになれるのに」そう思っていた私は、だんだん彼に感謝ができなくなっていました（わざわざ一部上場企業を辞めて手伝ってくれているのに…）。

そこでふと気づいたのが、「男性が稼がなくてはいけないって、誰が決めたの？」でした。当たり前すぎて疑いもしていませんでしたが、これは心のサビだと気づきました。心のサビには段階があり、個人的に親や学校など身近なところから吸収しているものもあれば、社会的常識や概念のようなものもあります。難しいのは後者のほうで、「当たり前」だと思い込み、思考の枠組みになっていることもあるからです。

この「男性が稼ぐもの」というサビがあると、その他の大切なことに気づけないのです。当時、私が独立して仕事をスタートしていて、彼がそのサポートをしてくれていました。もともと尊敬するトップセールスマンですから、大変よく気がつき、私が仕事しやすいように気遣ってくれていました。でも、私が「男性が稼ぐもの」を握りしめていたので、稼ぐ男性＝○、稼がない男性＝×にしていたと気がついたのです。もちろん仕事はひとりでできませんから、私ひとりがやっているわけではないのですが、視野が狭かった私は「ひとりでやっている」と思っていました。

このサビがあると、直接的にお金を稼いでいなくても、仕事をまわしていくために必要なもろもろの雑務をしてくれていても、感謝ができなかったのです。その頃、よくノートに「私は彼に守ってもらいたい。それが望み」と書いていました。彼に全力で守ってもらっているのに、私はそれを受け取れていなかったのです。

「彼に守られたい」という願いを持つということは、「私は彼に守ってもらえていません」を脳が観測しているということ。つまり脳は自動的に「彼に守ってもらえていない事実」ばかりを集めていたということです。 この体験は怖ろしかった。

当時の私の口癖は、「どうして○○してくれないの？」でした。守ってもらえていない事実しか見えないので、不満しかないのです（何度も彼は、どこかに働きに行こうと思ったようです）。あるときこれに気づき、私はとんでもない間違いを犯していたと思いました。そこですぐさま、「私はすでに彼に守られている」を観測し始めました。すると、最初は小さなことしか見えなかったのですが、仕事がスムーズにいくよう、苦心していることが見えるようになったのです。

これは脳のトレーニングで、神経ニューロンを育てていくことが大事です。いつも同じ回路ばかり使っていると、電気信号が「いつものやつね」と勝手に働き始めます。そうではなく、使いたいのは新しい回路。となれば、使いたい新しい回路で360度見渡し、観測する練習をします。この練習で私は、彼に感謝の手紙を書くようになりました。これはあくまで私のためであり、神経回路を新規で開通させるためです。

この気づきとトレーニングにより、**お金以外の愛情をたくさん受け取ることができるようになりました。**当時は「彼に稼いでほしい」と思っていたのですが、今は「私を通じて彼が稼いでくれていたんだ」と思うようになりました。

彼がいなければ、こんなにご機嫌に楽しく、心配なく好きなことができなかったからです。この気づきはとても大きなもので、私のものの見方が大きく変わりました。

◆お金や地位以外の豊かさに気づく

それまでの私は、お金が稼げること、社会的に有名なこと、社会的地位があることなど＝すごいことと思っていました。でも、そうではない豊かさに気づけるようになったことで、ものごとの背景が見えるようになりました。例えば食事に行っても、どれだけこの食材を集めるのが大変だっただろう。盛り付けもきれいだな。どんな修業をしたのかな、と思いを馳せることができるようになったのです。

もしあのまま、無価値観を使って仕事だけに没頭していたら…きっと離婚していたと思います。自分を幸せにしてくれるのがお金だけだと信じて、ドーパミン依存になっていたでしょう。そして、たくさんのお金と賞賛を得た頃には、虚無感で消えたくなっていたはずです。**ドーパミン依存で走り続ければ必ずいつか、折れます。**そんなぐらついた成功ではなく、心も豊かに成長していける今がずっと幸せです。

今では経営者の旦那さんがいて、のんびり主婦をしている人を見ても、うらやましいと思わなくなりました。むしろ私は、のびのびと好きなことができて、生きること自体が仕事になって、守ってくれる彼がいて…「私のほうがうらやましいと思われるだろうな」と感じています。

5 「性エネルギー」を扱えると、豊かさが加速していく

セックスレス、性の不一致というお悩みも非常に多いです。よくあるのはセックスが面倒、したいと思わなくなった、相手に拒否される、性交痛がある、婚外恋愛がやめられないということ。

これも大きく心が関係しています。

出会って3年はドーパミンが働き、セックスも頻繁にあるでしょう。でも大事なのはここから。ドーパミンが減ってくると、オキシトシンの関係性になります。

オキシトシンは感謝ホルモンなので、相手にどれだけ感謝できるかが鍵になってきます。またスキンシップでもオキシトシンが出るので、**感謝してスキンシップできる関係性だと、その後も幸せは持続します。**

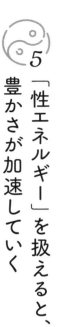

ここで相手に負けたくないとか、自分に自信がなくて向き合えない、自分が幸せでないと感謝ができないのです。ということは、感謝してスキンシップするオキシトシンの関係では、自立して自分で幸せになる力が必須なのです。

20代、30代はまだしも、だんだんと年齢が上がれば性欲が減っていくと言われますよね。でも実は、性欲が減るのではなく、性に対するイメージが悪いことで抑圧してしまうとか、体力がなくなることが原因です。ここで性に関する心のサビをチェックしましょう。あなたは性に関して、どのようなイメージを持っていますか?

よくあるのは恥ずかしい、隠すもの、いけないこと、公にできない、パートナーに話しにくいというものでした。

私自身、セックスが良いと思ったことがなく、性的な話も「隠しておかなければいけないもの」と思っていました。そのため、パートナーともよく話したことがなく、自分がこうしたいという希望や、こうしてほしいという要望を言えませんでした。その頃は仲が良い関係であっても、心から信頼して自分をさらけ出す、とまではいっていなかったように思います。

その後、性に関する学びを深めていくにつれ、**「性は美しいもの」**とイメージが変わっていきました。花を見て、美しいと思う方は男女問わず多いかと思います。

でも花のその部分って、性器なんです。受粉して次に命を残すための部分です。けれども花を美しいと思うのに、自分の性器を美しいと思う人は少ないのではないでしょうか。

性エネルギーはあちこちで見られます。自然の中にはごく当たり前に存在します。花はもちろん、季節の変わり目も、いのちが巡っていく様子が見られます。

アート作品もそうです。なにかを生み出す力は、異質のものが出会って可能性を生み出します。美味しいものを食べたとき、口の中が「気持ち良い！」と思うでしょう。この喜びもすべて、性エネルギーです。

そう考えれば、**性ってとても明るくて、エネルギッシュで、美しいものですよね。**

このようにイメージが変わってから、私は積極的に彼に性の話をするようになりました。「変に思われるかな？」とそれまで言えなかったのですが、心のサビがとれて思考パターンが変わると、当然行動も変わります。「性＝楽しいもの」とイメージが変わり、言えるようになりました。
かえってきた反応は意外で、「大人だし、大事なことだと思うよ」というものでした。いつもそうですが、勝手に私が「こんなことを言ったら、嫌われるんじゃないか」と思い込んでいただけで、話せばなんてことはなかったのです。

セックスが面倒、したいと思わなくなったという方をよく観察すると、「社会的な自分」の仮面が取れていないように感じます。会社の◯◯さん、△△ちゃんのパパママ、夫、妻、息子、娘…このような役割にはまりすぎて、**「何のラベルもない自分」**を取り戻せなくなっているのです。

◆性エネルギーを味方にすると人生がより豊かに

セックスしたいと思わなくなったというのも、自分で「性的なことはいけないこと」と決めつけているから。抑圧しすぎると欲求を感じられなくなり、だんだんと鈍っていきます。性器も筋肉でできていますから、使わなくなれば血流が悪くなり、機能が低下していくからです。

抑圧した性欲は、食欲として出ます。中年女性で食欲が抑えられないのは、実は性欲を満たしていないから。**セックスは幸せホルモンであるセロトニン・オキシトシン・ドーパミン・エンドルフィンのすべてが出る行為です。**

これだけいっぺんに幸せになれる行為が自宅でできるのは、もはや**発電所**です！それがないと不足感を感じて、穴埋めのために食べてしまうのです。抑圧の裏には罪悪感があります。**気持ち良いこと、幸せなことを自分に許可していくと、食欲が抑えられていくでしょう。**

セックスレスで自分が拒否してしまう場合は、自分に自信がない、自分が嫌いなとき。幸せに生きられていない、体調が悪い、体型に自信がない、声や顔を気にしてしまうと拒否する気持ちが湧いてきます。

また、相手に拒否される場合、セックス以前のコミュニケーションに問題があります。普段から感謝したくなるような態度や言葉がけをしていないのに、いきなりセックスにはならないですよね。セックスはコミュニケーションの延長線上にあるものです。いつもピリピリ、イライラして相手にぶつけてしまう、尊厳を奪う言葉がけをする…これも、自分が自分を幸せにしていないことで起こること。セックスフルで良い関係を築くには、いつも自分が幸せで、相手にも感謝できる余裕が必要です。

性交痛があるというのは、相手に心を開いていない証拠です。女性の場合、相手に心を許していないと、膣に痛みがあったり濡れにくくなってしまいます。それくらい性と心は深く繋がっています。

どうして相手に心許せないのか？　女性としてのトラウマがあるのか？　負けたような気がするのか？　そこを掘っていく必要があります。心から相手を受け入れ存在に感謝できると、性生活も向上していきます。

性エネルギーを扱えるようになると、自分らしく豊かに生きることが加速していきます。それはなぜかというと、**本当の自分をさらけ出しても愛されるという体験が**ベースにあると、安全基地が強力に働いていくからです。

私たちは精神的に安定できる錨のような場所や人があると、失敗を怖れなくなります。それによりチャレンジが増えて、能力が増していくということです。

心のサビの中でも、お金と性に関するところは強固ですが、味方にできれば人生が大きく飛躍します。

性エネルギーを解放するためにも、基本的には食事や運動、心のサビの除去という順番になります。リラックスして存在できるようになるほど、疲れにくく元気になっていきます。

性エネルギーは生命力そのもの。ここまでいくともう、自分軸が安定して落ち込むこともブレることもかなり減っていきます。

6 「怖れや罪悪感」にフォーカスすると、病気になる

病気のお悩みもよく聞くことのひとつです。たくさんの方を見てきて思うのは、**病気で悩む方は「痛みを避ける生き方をしている」ということです。**逆に言えば、**望みに向かって生きていないということです。**

私もうつ状態で難病という状態でしたが、当時は「怒られないように」「バカに見られないように」「ダメなやつだと思われたくない」というのが生きるモチベーションでした。これを目的に毎日生きるわけですから、楽しいはずがありません。

いつも障害物をよけるような生き方で、月曜日に仕事が始まっても、もう週末に向けてカウントダウンするような日々でした。例えば「ダメなやつだと思われたくない」という望みがあるということは、「私はダメなやつです」と脳が観測しているということ。その結果、「私はダメなやつです」がちゃんと叶うような事実を拾ってく

るし、作ってしまうのです。

潰瘍性大腸炎で血便が出て、トイレから出られなかったとき、私はまさしく「私はダメなやつです」と思っていました。外出してもしょっちゅうトイレに行かなければいけないし、血が出るので生理ナプキンを常につけていて、トイレにいくたび、「私はダメなやつです」を認識していたのです。その頃はもう八方塞がりで、どうやってこの迷路から抜け出たら良いのか、わかりませんでした。

その後、「私はバカにされないように、それを目的にして生きているんだ」と気づきました。そして、それではあまりにも辛いから、生きる目的を「誰とでも話せるようにしたい」にしました。ただ、「誰とでも話せるようにしたい」を望むと、また脳が「私は誰とも話せない人嫌いです」の事実を集めてしまうので、今度は**「私は今、誰とでも話せる人です」**を観測し始めたのです。

誰とでも話せる人は、自分が思っていることを素直に話すし、きっと隠し事をしていないでしょう。それに、堂々としているはず。そのためにはきちんと食事をして、清潔な家で暮らしているはずですよね。それに、体をしっかり温めてケアもしていると思いました。それを実践していくと徐々に良くなっていき、いつの間にか体調も良くなっていました。

怖れや罪悪感が病気を生み出す

「痛みを避ける生き方」というのは、私が病気の頃にやっていた生き方です。嫌われたくない、どう思われるか怖い、という恐怖心ベースで動いているのです。

病気は、その恐怖心が形になって現れたもの。不運でできたものではなく、「自分の思考が作り出したもの」なのです。物質化する前に、必ず非物質的なものの動きがあります。それが考え方です。**病気が現れるということは、「怖れにフォーカスしているよ」と、自分の考え方を修正しなさいと教えてくれているのです。**自分の考え方を修正すれば、もう病気が存在する意味がありません。

私は製薬メーカーに約7年いましたが、次々に新しい薬が出ても、病気は減るどころかどんどん増えていきました。それは、食べ物や生活習慣ももちろんありますが、大きくは考え方だと思います。**多くの病気の根本原因は、罪悪感でしょう。**

怖れにフォーカスして生きていると、自分を幸せにする方法が思い浮かびません。すると体温は下がり、栄養状態が悪化し、自分に興味がなくなってしまいます。常識や「こうあるべき」に流されて、望む人生を生きられなくなります。

私は、病気になって本当に良かったと思います。

あれがなければ、自分の思考回路に目を向けなかったからです。病気や自己、死、破産、リストラ、離婚など、私たちは大きな出来事が起こってからしか、自分を改めようと思わないでしょう。けれどもそれらもすべて、**私たちが豊かさの流れに戻るためのギフトなのです。**

心のがまぐち
攻略ポイント5

魂の道を歩む

1 欲求を段階的に満たすと、「豊かな人生の方程式」が解ける

心の中で、「自分らしく豊かな人生を送りたい」と思っても、「何をすれば良いかわからない」というのが一番よく聞くお悩みです。

私も会社員時代、仕事も人間関係も恋愛もうまくいっていませんでしたし、何をどうして良いのかわかりませんでした。

なぜかというと、具体的に「何かに悩んでいる」と明確に答えることが自分でもできなかったからです。つまり自分の悩みや痛みを把握すること・言語化することができませんでした。嫌なことを避けて生きてきた。だけど、何かが違う。充実していない。虚無感がある。こんな状態がずいぶん続いていました。

例えば10年前、20年前だとお悩みの内容も今とは違っていたでしょう。もっと「お金持ちになりたい」とか、「成功したい」というような欲求のほうが多かったように思います。でも最近の傾向として、**「もっと自分を生きたい」とか「突き抜けたい」**

という要望が増えてきました。今の欲求は以前とは違っているのです。
これは実は当然の流れで、普通に衣食住に困らない状態ができると私たちは次の欲求が出てくるからです。

心理学者のマズローも提唱している有名な説ですが、私たちの心には成長の段階があると言われています。まずは生理欲求で衣食住が確保できること。その次に安全欲求、社会欲求、承認欲求があり、それらを超えると**「もっと自分らしさを発揮したい！」という自己実現欲求**が湧いてきます。それも叶えられると、みんなの力になりたい、大きな夢を叶えたいという**「自分を超越した欲求」**が出てきます。

私自身、体調不良で心身を病んでいた頃からの変化を見ると、259ページの図のような変化にぴったり一致していました（生理、安全、社会、承認、自己実現、超越）。

おおまかには体調不良を治すために体を温める、食事を整える→安心に暮らせるよう生活を整えること→体調が良くなり同僚と打ち解けられて「会社に所属している」という感覚になり、また、プライベートでも趣味の仲間ができる→体と心が安定してくると仕事を頑張りたい欲求が湧く→この一連での変化を伝えたいと発信を始める、というメカニズムがわかったので、より多くの人を支えたいと思うようになる。

これも最初は小さな一歩で、生理欲求である「トイレを我慢しない」「食事をきちんと摂る」を叶えたことにより活力が湧き、次の欲求へ進むことができたのです。

陰陽五行の流れで見ても、木火土金水のエネルギーが循環して万物が流転すると言われています。**その中でも金の性質を動かすと人生が変わると言われていますが、金は決断や行動力を表します。この金のエネルギーを動かすためには、そのひとつ前の性質である土を整えると良いのです。土は土壌、つまり自分の生活を指します。**

体に良い食事、すこやかな体作り、安心して休める家作りが、豊かさの循環をまわす土台だということです。

それなのに「すごくならなければ」という焦りで、土台がボロボロだった私。病気になったことでやっと**土壌整備**から始めたのですが、一見遠回りで一番近道でした。人間関係や恋愛、仕事やお金で悩む人ほど、「まずは安心できる生活をしましょう」

心（欲求）の成長には、段階がある

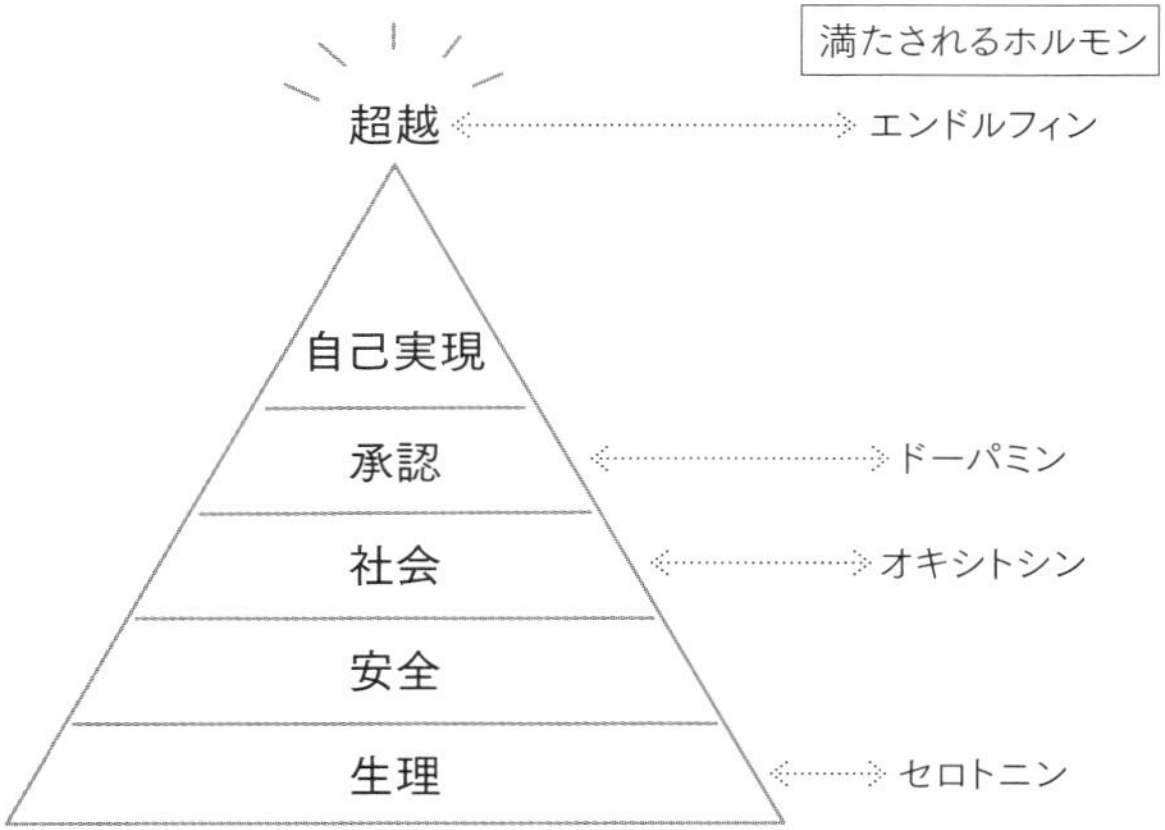

マズローの欲求5段階説による欲求と
満たされるホルモンの関係をおさえよう！

とお話しするのも、この理由です。私たちは機械ではないので、安心で健康にいられる土壌が必要です。良い土壌があれば、あなたという花が咲くということです。生理、安全、社会、承認、自己実現、超越の順番で自分らしさは開いていくわけですが、これだけではざっくりしすぎていますね。食欲を満たすということで、なんでもおなかいっぱいになるまで食べればいいのか？　というと違うからです。

◆豊かな人生を送る方程式

ホルモンについては、攻略ポイント①でも説明しましたが、復習の意味も込めて、実際に私が通ってきた経験を踏まえて解説をします。

まず生理欲求ですが、生命活動を維持する人として最低限の欲求ともいえます。三大欲求である食欲・睡眠欲・性欲、排泄や健康でいることも含まれます。**この生理欲求を満たす際にもっとも大事なのは、私は食欲を満たすことだと思っています。**

なぜなら本当の意味で食欲が満たされないと睡眠や排泄、性欲などあらゆる欲求に影響するからです。私たちが元気に生きるために必要な栄養素が入らないと、そもそも意欲すら湧かず、安心する気持ちも得られません。ここをおろそかにしていると、いらぬところでお金がかかってしまいます。「旅行に行けば満たされるのか？」と思ってしまうかもしれないし、買い物で気分を晴らそうとするかもしれません。

でもそれでは本当の意味で気分は晴れません。ここでのキーワードは**「セロトニンを満たす」**です。

生理欲求が満たされれば、次は安全欲求です。毎日が安心して暮らすことができなければ、夢を抱くことも難しいですよね。今の日本で、大きな戦争が起こって平穏に暮らせないということはありません。ということは、基本的にこの生理欲求と安全欲求は、世界的に見ても日本は恵まれているということです。

かといって自分の暮らしを見た際に、本当に安心できる環境でしょうか？

今の自分の生活環境で長く過ごす場所は自宅ですね。そこは安心してくつろげる場所ですか？　ひとり暮らしの場合は、自分が快適に過ごせるように工夫すると良いでしょう。ポイントは、ただ衣食住の機能性だけを満たすわけではないということです。

安心するためには、自分がほっとできる空間作りが重要です。そのために、花や植物が好きなら置くと良いでしょう。見るだけで心やすらぐ絵画やアートを飾っても良いですね。香りが良いものを置く、手触りの良いベッドシーツやパジャマを用意する、お気に入りのコップで水を飲む…「無駄」と言われるような装飾やアイテムでも、自分の気持ちが安心するならそれはとても重要なアイテムです。旅行やホテル滞在が好きな方も多いですが、自宅が旅行先のように気分が上がる部屋だったら？　ホテルのように素敵な部屋だったら？　**「自分を満たす」**とは身近なことなのです。

ここまで土台が安定すれば、次の欲求の社会欲求です。

肉体面の安全が叶うと、私たちは**「人と繋がりたい」**という社会的な欲求を持つようになります。誰かと心を開いて通じ合うとか、どこかに所属するというものです。ここでは家族やパートナー、友人、学校、会社、サークル活動や地域の繋がりなどコミュニティを指します。ここでのキーワードは**「オキシトシンを満たす」**です。

自分が誰かに心を開けるようになると、次は**「自分の能力を認められたい」**と思うようになります。それは仕事かもしれないし、プライベートでSNSの「いいね！」を集めることかもしれません。生理欲求や安全欲求が満たされた頃にSNSが流行ったのも、このような背景があります。

承認欲求といっても階層があります。他人に認められたいというものから、自分の達成感を承認するというものまであります。他人に認められるために頑張っても幸福度は高くなりません。次の欲求にレベルアップするためにも、自分の達成感や自分への信頼感という意味の承認欲求がより重要になります。

実際、他人から1の賞賛をもらっても、自分が自分を賞賛すると10の威力があるので、「いかに自分が満足する人生を生きるか」が大事になるのかわかりますね。ここでのキーワードは**「ドーパミンを満たす」**です。

ここまで満たされると、会社員でも主婦でも起業家でも、自分で自分の人生を作れるレベルになっています。さらに次の欲求として、自己実現欲求があります。

自分にしかできないことを実現したいという欲求です。ここまでくるには体調が良く、人と心を開けて、目標のために夢中になれる土台が必要です。「自分らしく生きたい」という人が増えているのも、社会的に衣食住が困らなくなってきたことが大きいでしょう。

さらに、自分を表現してやりたいことができるようになると高次の欲求が現れます。それが**自己超越**と言われる段階です。ここでは「世の中をどう良くするか」といったような、**自分の幸せを超えた大きな願い**が現れます。

社会を良くするために自分があるという観点だと、社会から搾取される被害者の位置ではなく、**社会を自発的に支える位置になります。**こうなると「私はそれだけの実力がある」と示していることにもなり、また**全体の利益のために動くことでエンドルフィンという脳内麻薬が出ます。**この脳内麻薬が出るとストレスや痛みに強くなります。誰かの幸せを考えれば自分が幸せになるのです。ここでのキーワードは**「エンドルフィンを満たす」**です。

このように自分らしく豊かな人生を送るには方程式があります。今はまだやる気が出ない、人が怖いという人も、順番に下から自分を満たしていくことで視野が広がっていくことを感じるでしょう。また、自分がまだ生理欲求や安全欲求を満たせていないからと、自己実現欲求を満たしている人と比べないようにしましょう。

私は体調がとても悪かったので生理欲求から満たしましたが、当時はすでに健康でお金や人脈があるお金持ちに生まれた人をうらやましく思っていました。けれども今ではうらやましいと思わなくなりました。なぜなら下位の欲求を満たすことができず苦しんでいたからこそ、しんどい思いをしている方の気持ちがわかるからです。

動きたいのに体が動かない。挑戦したいのに怖い。それらもすべて経験することができたので、私はとても豊かだなと思います。豊かさはお金をたくさん持つことではなく、たくさんの経験ができて視野が広がることではないでしょうか。

一度お金を手にして気づいたのは、**「お金ではなくその中身が宝物だった」**ということです。

人の気持ちがわかること、誰かを幸せにできること、お金を生み出せる知識と経験があること…この目に見えない叡智を持っていることこそ、本当の豊かさだと感じます。お金持ちになって、何もせずダラダラ好きなことだけで生きることは豊かではないのです。

2 「霊的成長」を優先すると、必要なものが与えられる

そもそも、「自分は何を満たすことが必要なのか?」は、自分の状況をよく観察すればわかるようになっています。

体がだるくてやる気が起きないのが一番の悩みであれば、体を整えることが今の自分のやりたいことです。体は元気だけれど人が怖いというなら、その怖れを除去することがやりたいことになります。

こんなふうに、**「今どうしたら自分が幸せになるか?」を真剣に考え実践することが、「やりたいことをやる」なんです。**

案外、小さなことでびっくりでしょうか?

この積み重ねが、自分らしい成功を作る一歩になります。

例えばこの問いに対して、「もうちょっと食事を整えたいな」と思ったとします。

でも、多くの人はこの欲求を無視してしまいます。なぜかというと、それは直接的にお金に繋がっていないからです。

多くの人は、他人から賞賛されることやお金を得られることに意識が向いています。そうなると、「食事を整えよう」とか「友達に自分の悩みを打ち明けてみよう」といった**小さな欲求**が、取るに足らないことのように思えるからです。

でも**この小さな欲求を無視してしまうと、私たちの人生は前に進んでいかないのです。「お金と賞賛を得られること」に限定して自分の人生を見てしまうことが、いちばん豊かさを遠ざけることだからです。**

食事を整えたことで落ち込みが減り、ストレス耐性ができるかもしれません。それで仕事が好調になって昇進するかもしれませんし、出かけることで新たな出会いがあるかもしれません。収入だけではなく、体調が良くなって笑顔でいられれば、パートナーシップが良くなるかもしれません。そして家庭が安心できれば、新たなチャレンジを思いつくかもしれません。

こんなふうに、私たちの豊かさは数珠《じゅず》繋ぎになっています。みんな「好きなことがわからないんです」「本当にやりたいことがわからないんです」と言います。でも、その前に下ごしらえが必要なのかもしれません。

私たちの魂は、結果だけ与えるようなことはしません。なぜなら**たくさんの経験をして視野を広げることこそが、魂レベルでの豊かさ**だからです。

注意が必要なのは、**霊的成長と社会的成長は異なる**ということです。**霊的成長とは生まれた意味を表し、今世でどのような経験を積むか、視野を広げるかが重要です。**

一方で社会的成長は、人に認められるとか金銭的成功を掴むといったものです。いわゆる世俗的な社会的成功をイメージすると良いでしょう。

面白いのは、最近は社会的成功を望む人が減ってきていることです。単に会社で昇進することや起業で成功すること=幸せだと、人々が思わなくなっているということでしょう。

自分らしさを発揮して、自分らしい成功を掴みたい。誰もがそう感じている時代ですが、やはり懸念になるのがお金ではないでしょうか。

たくさんの経験をして精神的成長をし、視野を広げていくことが重要なのはわかる。でもそこに経済的成功がついてこなければ、お金がないと生きていけない現代社会では通用しないですよね。


これは私が実際に実験したことです。

会社員の頃に自分の経験をシェアしたいと思い、ブログを始めました。

会社員を辞めてしまったので、まずは収入をどうにかする必要にかられて、思いつく限りできることをやりました。営業職をしていたこともあり、売上を作る理屈は知っていたからです。そこである程度の経済的成功を果たし、出版が続いて社会的成功も叶ったと思います。

と同時に、「お金のため」というモチベーションで頑張れなくなっている自分もいました。食べられる量は決まっているし、服を買ってもモノが増えるだけ。夢だった出版も叶って認められたいという気持ちもなくなり、少し燃え尽き症候群のようになってしまったのです。会社員のときにも年収800万円を超えながら、心からの幸せを感じられていませんでした。

今思えば、物質的豊かさがあっても、精神的豊かさがついてこなければ幸せを感じられないのです。

とても怖かったのですが、それからお金や社会的成功を追うのをやめました。というよりもう興味が持てなくなってしまったので、別のモチベーションを探すしかありませんでした。

その頃から、**近距離戦で「今これがやりたい」「今こういうふうになりたい」という心の欲求を叶えていく実験を始めました。**

社会的成長を求めた先に霊的成長が得られないケースは多々あります。世の中の人はほとんどこちらの状態ではないでしょうか。

それを**「霊的成長を突き詰めた先に、社会的成長（経済的、物質的成功）もついてくるのか？」**と順序を逆にする実験をしたのです。

結果は予想どおり、十分にやりたいことがやれる経済的成功がついてきたというわけです。

✦自分を幸せにすると「魂の道」が開ける

この実験を通じて痛感したのが、**「自分の幸せや、やりたいことを追求した先にしか、本当の成功はない」**ということです。

この本を書くに至ったのも、**「もうお金はいったんいいから、なぜ人が豊かになれないのか徹底的に研究したい」という内側に湧いた欲求を叶えたからです。**

毎回このような欲求が湧くたびに、私は時間とお金のリソースを全力投球してきました。それでももし、経済的に困るようなことがあれば私の理論が間違っているということなので、本当に全力投球で夫も横でドキドキしていたようです。

もともと、「人生は辛いことばかりで、生きていても仕方ない」と思って始めた実験です。そのときできる全力を出し切って、やりきっていたと思います。とても怖かったのですがこの実験を通じて、**「内側の欲求に従えば、必要なものは与えられる」**ということがわかりました。

以来、内側の欲求に沿わないものはお金が儲かろうが良い条件の仕事であろうがスルーできるようになりました。この精神的安定こそ、豊かさだなと感じます。

自分の中で**「これに興味がある」「こうしたいな」のリストを作って全力投球すれば、あなたらしい成功に近づくことが可能です。**一番欲求が強いものからやるのが良いでしょう。

もし出てこなければ、「これ不快だな」と感じるリストを作って、ひっくり返せば望みが出てくるでしょう。「会社の殺伐としていた空気感が嫌」だったら、「和気あいあいとした職場にしたい」という具合です。だったら、「私はそのために何ができるだろう?」と具体的な行動を考えます。

大事なのは、「和気あいあいとした職場にしたい」で終わらないことです。これでは抽象的概念になるため、すぐに行動できるものではありません。そこから具体的に、「明日朝から、同僚全員の名前を呼んであいさつする」という**行動ベースに書き出すこと**が大事です。それがないと、実際に行動せずに終わってしまうからです。

行動しないと魂の計画は進みません。

未来の心配をして不安がっている人に共通するのが、「今がスカスカ」ということです。今、自分を幸せにしていないと、すきま風のようにスーッと不安が入ってきます。**大事なのは「今、どうすれば自分を幸せにできるか?」を考えて、夢中で取り組むことです。その積み重ねが、「魂の道」を示してくれます。**

最初は小さな欲求でも、大きな計画に繋がる可能性があるのです。この大きな計画に繋がる行動を私はブリッジと呼んでいます。

実際私も、起業してすぐに「着物を着て仕事がしたい」と思い浮かびました。当時は着物なんて1枚も持っていないし、揃えるのも管理もお金がかかるので躊躇していました。でも、内側の欲求に従うと決めた以上、「手元のお金がなくなるんじゃないか」という不安は捨てなければいけません。

なぜ着物なのか? 洋服じゃダメなのか? と抵抗もしましたが、自分の思考（エゴ）でいろいろ考えたとしてもダメ。森羅万象の大きな叡智が考えることのほうが壮大なので、抵抗してはいけないのです。

少しずつアイテムを揃えて着付けの練習をして…とだんだんはまってしまったのですが、今では「着物に出会えたことが、人生が豊かになったことのひとつだな」と感じています。

着物を着ることでゆったりしながらも霊的成長と社会的成功が得られるというメッセージにもなるので、あのとき内側の計画に乗って良かったと思います。

自分らしい成功を掴んで、魂の道を歩みたいなら、**目の前の現実を見て「こうなりたい」を叶えてあげることです。**

それは小さな欲求で構いません。この欲求を解決しないまま先へ進んでも、また同じような問題が現れます。なぜならそれは**「前世からの魂の課題」**だからです。

ただ、これらの欲求が出た際によくあるのが、「お金がかかるから」「時間がないから」「そんなの無駄だから」という「やらない理由」です。

たくさんの方に、魂の道に乗る行動についてアドバイスをしても、多くの方は実行すらしません。それが大きくこの3つの理由です。

でも、魂が導く道は私たちの頭で考えても、到底測れるものではありません。

ここで自分の内側の欲求（魂からのメッセージ）をどれだけ信じて飛び込めるか、夢中になれるかで大きな差が出てくるでしょう。

あなたの本体である魂が、あなたを不幸せにするはずがありませんから！

3 「理想の自分」に向かっているか、羅針盤を確認する

前の項目で説明した近距離戦ができて、毎日が「自分を幸せにするので忙しい！」という状態になれば良い状態です。その際に自分の未来を想像して、「ぜったい良くなるな」と感じれば、魂の道に乗っているということです。

物質的に豊かなのに虚無感があるとか、不安感が強いというのであれば、その先に繁栄する人生はないということです。その際は怖いかもしれませんが、思い切って軌道修正することをおすすめします。

そうしなければ、軌道修正せざるを得ないような大きな出来事が起こるからです。事故、病気、破産、離婚、死…ここまでいくとリカバリーにも多大なエネルギーを要します。そこまでいかないと気づかないのが人間ではありますが、そうならないように自分の感覚と現実をチェックすることをおすすめします。

私がおすすめしているのは近距離戦はもちろん、遠距離戦です。

身近な半径50センチの願いを叶えるだけではなく、大きく人生像を描いて全体を把握するということです。

お金や時間などいっさいの上限がないと仮定して、今の自分ができるかどうかも置いておいて、「理想の自分」を詳細に思い描きます。やっていること、着ているもの、持っているもの、言っていることを書き出します。その中でも絶対に外せないものをピックアップするというものです。

そして、**その理想の未来から見て、今の自分は何をやめる必要があり、何をやらないといけないのかをチェックします。これを「がまぐち羅針盤」と呼んでいます。**

自分の理想に向かっているか、チェックしよう

なぜ定期的にこのチェックが必要かというと、普通の意識でいれば「今できること」しか視界に入らないからです。

未来の理想の自分を考えたとき、今の自分ができないようなこともやっていると思いませんか？　例えば毎朝ランニングしているとか、人と打ち解けて話せているとか。

そのギャップを見ることで、今の自分に何が必要かを抽出するということです。

私が病気上がりのダメ会社員だったときにこのワークをやって、一番に出たのは「人と打ち解けている」でした。でも当時の私は人が大嫌いで、あいさつすることすら難しい状態でした。

でも、もう自分で理想の自分を描いて、ノートに「未来の理想の自分は、人と打ち解けている」と書いてしまった以上、やるしかありませんでした。今では誰とでも打ち解けて話せるのが特技ともいえるので、やはりあのときの内側からの欲求は間違っていなかったと思います。

むしろそのスキルのおかげで経済的成功があるので、豊かになるヒントはそこら中に転がっているなと思います。

でももし、「私は人が苦手だから!」と言って拒絶していたら、どうなったでしょうか? 私は、今のような「すべての願いが叶って3周目!」のような、想像を超えた人生にはならなかったと思います。

これまでアドバイスをした方でも、「それはやりたくないです」と言ってやらない方もいました。残念ながらその方は大きく繁栄する人生はないでしょう。

なぜならその抵抗は、失敗を怖れるエゴの声だから。

自分の可能性を広げていくことこそ、本当のスピリチュアルな生き方だと私は思います。そのためには行動あるのみ！　悩むよりも動いて結論を出していくほうが、豊かになれるでしょう。

羅針盤は週に1度はチェックして、自分の船が目的地に向かえているか確認すると良いでしょう。近距離戦と遠距離戦のふたつの手法で、毎日がとても忙しくなります。食事を整え、家を整え、運動をして、今やりたいことに注力するからです。

4 自分を最優先で満たしていくと、「魂の道」が現れる

この数年、「自分満たし」という言葉が流行っていますが、**自分を満たした先に魂の道が現れます。これは今世、生まれた目的ともいえます。**

私たちはそれぞれに体験したいテーマがあり、肉体や生まれる場所、親などさまざまな要素を選んできます。

その経験は常にデータソースであるマスターソウルに送られ、全体の意識も成長していきます。マスターソウルとは、すべての経験や情報を含んだ源ということができます。経験のデータバンクです。

もし、「お金が減るのが怖いから、やめておこう」「なんて言われるか怖いから、やめておこう」という選択をし続けると、全体の意識が更新されないので淀みができます。するとますます、自分らしく生きることが難しい状態を作ってしまいます。

魂の道というととても大きな、壮大なものに聞こえるかもしれません。

でも、実際にやることは身近で誰もができることです。

「自分に似合う服を見つける」というのが魂の道の方もいました。「こんな小さなことですか？」と少し疑っておられましたが、そうなんです！ 自分に似合う服を見つけることで自信が湧き、人に会いたくなるかもしれませんよね。そこから楽しい人生が開けるということもあります。

特に服やヘアスタイル、メイクなどに意識が向いているときは、流れが変わるサインでもあります。より人前に出る、人と交流するための準備だったりします。だからこそ**今自分にきた魂からのメッセージを疑わず、夢中になることが大事です。**

自分が興味あることに全力投球できるって、とても楽しいと思いませんか？

夏休みの子どもがカブトムシ捕りに夢中になる感覚が、大人でもできるんです！ 興味があることだったら意欲もあるし、楽しいし、良いことしかありません。「頑張っている」という感覚すらないですよね。

でも、それの積み重ねで豊かになっていくことは可能なんです。

例えば、何かセミナーに出席して専門的なことを学びたいとします。それがカブトムシ捕りと同じで、純粋に自分が楽しいことだったら、難しい内容でも苦手なことが含まれていてもチャレンジできるはずです。それが全然楽しくないとか辛いのであれば、動機が「認められるため」「すごくなるため」になっている可能性があります。

興味がないことを無理やりやるのは、とても辛いしそもそも楽しくありません。「大人だったら、嫌なことでも我慢してやらなければいけない」なんてことは、実はないのです。例えば私が苦手なのは経理関係なのですが、この活動で多くの人が自分らしさを取り戻してくれるために必要なら、嫌でもやろうと思えるからです。

よくあるのは、「働かなければ食べていけないから」「これをやって当然だから」という生き方です。それでは働くこと、ちゃんとすることなど、「痛みを避ける生き方」になってしまいます。

私が病気になったとき、まさしくこの生き方でした。

働かなければ食べていけないから仕事をする、大人なんだから、好きなことで生き

「どうすれば自分を幸せにできるか」を最優先にする

○ 「私を満たす」生き方

▶▶▶ 「魂の道」(今世の目的)が現れてくる

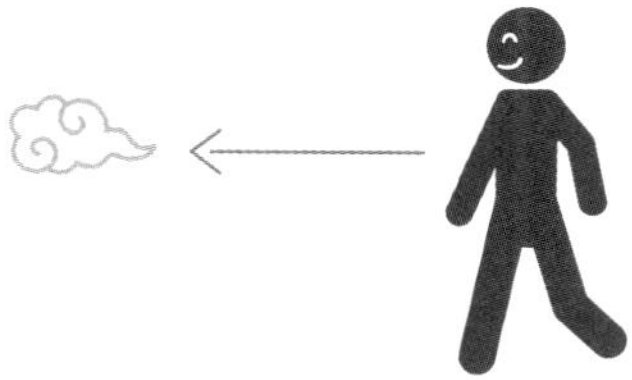

× 「痛みを避ける」生き方

▶▶▶ 目指す先がわからず、楽しくない

ていけるはずがないと興味を持つことすらしない。ひたすら目指すは「ちゃんとした社会人になること」。あの頃は毎日空の色がグレーで、何を食べても砂の味しかしなかったものです。「生きるって、なんでこんなに辛いんだろう」と毎日思っていました。

今では働くことの先に目的があります。というよりも、**自分はどんな人生を生きたいのか、何が大事なのかという「人生の指針」があって、仕事やお金はその下にあるイメージです。**

この考え方だと自分が人生の主軸になります。「高いお金をもらうためには毎朝通勤しなければいけない」だと、お金が一番上にあり、その下に自分が従属しています。私の場合は**「もっと豊かになる法則を研究するために、十分なお金と時間が欲しい」**という人生の主軸があり、「そのためにどんな働き方をするか？」を決めています。どちらかというと、一般的な起業家よりも働く時間は短いと思います。

それはこの主軸にもあるように、研究する時間や実験する時間が必要だからです。これをなくして売上だけ追っていても、それではお金に主導権を握らせているので幸せとはいえないでしょう。

◆自分の幸せは自分で作るしかない

「どの部分でもっと自分を幸せにするか?」は、自分の感覚はもちろん、状況を客観的に見ればわかるはず。大きなカテゴリーとしては**仕事・お金・人間関係・恋愛・健康・意欲**があります。

自分で「もっとここを幸せにしよう」と決めて動けば、充実度や楽しさが変わってきます。誰かに言われるのを待たずして、自分でどんどん自分を幸せにしていくことです。

とくに最近は、誰か周りの人がわざわざ自分のために改善点を指摘してくれることも少なくなりました。だからこそ余計に、自分を客観的に見て自分を幸せにしていく姿勢が大事です。

私たちは、勝手に幸せになる権利があります。

例えば食事を改善しようと思った際に、「同居している家族が嫌がるからできない」

というお声をよく聞きます。

そのときは**自分だけ幸せになってしまいましょう！**

つまり、自分だけ「今、治療中だから別で食べるね」と言って準備すればいいのです。手間は少し増えるかもしれませんが、自分の幸せは自分しか作れません。

「どうすれば私を幸せにできるかな？」を真剣に考え、そこに全力投球してみてください。それくらいあなたは価値がある、大事な人なのですから。

5 自分で「自分の幸せ」を決めると、失敗を怖れなくなる

このような実験があります。ストップウォッチを止めるゲームをしてもらうのですが、最初は楽しく遊んでもらいます。途中から特定のグループには成功すれば金銭報酬が与えられます。別のグループは報酬なしで純粋にゲームを続けてもらいます。

すると、金銭報酬を与えられたグループはその後、自ら楽しむことができなくなり、やる気が失せてしまうのです。

このように、**外側の報酬のために動くと私たちは、自己決定感を喪失することでやる気や楽しさが消えてしまいます。**そしてお金のため、評価のためという外的な報酬のためにやってしまうと、ゲームも「やらされ感」が出てしまい、純粋な好奇心が失われていくのです。

さらには、このストップウォッチについて自分でどれを使うか決められる場合、そ

の後のゲーム結果がどうであれ前向きな気分になりました。一方でどのストップウォッチを使うか勝手に決められてしまった場合、成功したときだけ前向きな気持ちになり、失敗するとその反応が見られなかったのです。

この実験からも、**「自分で選択する」という自発性が、私たちの幸福に大きく関わる**ことがわかりました。ということは、充実した人生を生きたいのならば、自分がどんなふうに生きるかを自分で決めたほうが良いということです。

私は奈良県の田舎で育った真面目なタイプだったので、世の中一般が言う「幸せ」が正しいのだと信じて疑いませんでした。

そのため、親を悲しませないとか、勉強を頑張るとか、学校にちゃんと行くといったことを「正しいこと」と思っていました。

そのまま高校生になり、進学校だったため良い大学に行くこと＝幸せだと思っていました。大学に行っても「良い会社に入って高いお給料をもらうこと」が正しいことだと思っていました。

こんなふうに、**私たちは自分の人生の「デフォルト設定」を家庭や学校ですでに決められています。**

お給料が高い職種が良いというそれだけの理由で、製薬メーカーの営業職を選びました。自分が何に興味があるとか、何がやりたいとか、そんなものは捨てることが大人になることだと思っていたからです。まさしく「純粋な好奇心が減退する生き方」を選んでいたのです。

こうして「幸せとはこういうもの」という、誰かに教わった人生を生きていました。きっと外側から見たら大きな会社の営業マンで、いわゆるバリキャリで収入も高く、幸せに見えたでしょう。でも、心の中は強い焦燥感と「これじゃない」という感覚でいっぱいでした。

病気になってから少しずつ、**「心から生きる」**ことを実践しました。

これは、お金や評価を脱して、純粋な自分の欲求で生きる練習でもありました。

今でも覚えているのは、りんごを買いに行ったことです。それまではいかに「周りに素敵に見られるか」で生きていたので、家の中で自分に対する扱いはひどいものでした。ただ生命維持のために、死なない程度に食べさせれば良いという感じだったのでほとんど料理をしませんでした。スナックやパン、レトルトなど時短でおなかが膨れるものを食べるだけだったのです。美味しいもの、食べたいもの、栄養などを考えたことはありません。

そんな状況で「美味しいりんごが食べたい」と心から思ったので、デパ地下へ行きました。自分のために美味しいフルーツを買うとか、ましてやデパートで買うなんて経験をしたことがありませんでした。たった1個のりんごを買うのに、汗をかきながらレジに並んだのを覚えています。

なぜならキラキラしたデパートは、自分が嫌いな私にとって居心地が悪かったからです。さらには自分のためだけに美味しいものを食べるのも、抵抗感がありました。本やセミナー、資格取得など「すごくなれること」にはお金を出せるのに、自分を純粋に喜ばせることにお金を使えなかったのです。

✦ 自分の価値観で、自分を主人公に

こうした「素敵に見られるため」の生き方をやめて、**「自分が納得できる生き方」**にシフトしたのがこの頃です。たった1個のりんごですが、心に描いた小さな夢を叶えられたことはとてもあたたかい感覚がありました。

あれだけ高収入でも、高い服が買えても、大きな会社に勤めていても感じられなかった幸せ。それは「誰かの幸せ」を、外側から自分に押し付ける生き方だったからでしょう。

スタートはりんごという小さなものでしたが、そこから少しずつ自分のI wantを叶えられるようになり、気づけば想像していた未来よりはるかに素敵な現実を生きています。それが周りからどう思われていても、自分が決めた生き方だからです。

起業してたくさんの失敗をやらかしてしまいましたが、その経験も大事なものです。それがなければ、同じような失敗でつまずく人の気持ちがわからないでしょう。

たくさん失敗したおかげで、自分のことがよりわかるようになりました。

こんなふうに、「失敗」に対する捉え方も180度変わりました。以前だと失敗は恥ずべきもので、極力少ないほうが良いし、人にばれてはいけないものでした。

今では失敗からでなければ学ぶことができないと思うほど、大事にしています。動いて失敗すれば修正がきくけど、やらなければ修正ポイントすら思いつかないですよね。だから失敗ありきでも動いたほうが、自分の視野が広くなります。今では失敗するのも見込んで、とにかくやってみるというスタンスです。

「人を愛せるようになりたい」という自分で決めた「なりたい像」があるので、たとえ人とうまくやれなくても「今まで下手だったけど前よりいいよ！」と前向きな評価ができるのです。だからうまくいこうがいくまいが、どちらでも幸せなのです。

もともと人嫌いで断られるのが怖いので、人に声をかけられませんでした。でもこのスタンスは、「人」に主軸があります。自分は「断られた」側ということですね。

今の私はとりあえず声をかけます。

そこで断られるとか、日程調整をしてもらえないのであれば「相手は私の選考に落ちたのね」と思っています。私が会いたくて声をかけたのに来ないということは、ご縁がないということ。「この人とご縁があるかどうか？」は声をかけないとわからないものです。

断られても何も減らないし、声をかけることにメリットしかありません。自分の人生は自分で作るものだと思うので、**「自分が主人公」**で良いのではないでしょうか？

また、お金や評価というようなデフォルト設定を生きていると、どうしても人を上下で見てしまいます。成績優秀者のほうがすごい、お金をたくさん持っているほうがえらい、というふうに。でも、「5キロ走れるようになりたい」という人もいれば、「美味しい味噌汁を極めたい」という人もいます。目指す場所が違うのに、「あの人は1キロしか走れないなんてダメね」とは言えないですね。

つまり**人と比べる意識や劣等感はデフォルト設定によって起こるものであり、自分だけのゴールを決めれば消えてしまう**のです。もちろん最初はなかなかデフォルト設定が消えませんが、だんだん薄くなっていきます。すると評価や他人の目がどうでもよくなります。これにより何が正しいか間違いかという善悪の概念は消えます。

この劣等感を消すために、心理学を学んでもお金の無駄だと思っています。ゴール設定を変えればいいだけなのです。

例えば私は普段から着物を着ていますが、安いものでも10万円くらいはします。それが「とにかく節約して100万円貯める」という人には間違いになるでしょう。でも、「美しくいたい」という目的なら正解になるわけです。

「善悪は文脈によって決まる」ということです。

私がデフォルト設定を使っていたとき、一部上場企業に勤めていることがえらく、収入は多いに越したことはないと思っていました。だからお金持ちで社会的地位がある人に対して、自信のなさから少しおじけづいた自分がいたのです。また独立してからもより知名度があり、より収入の多い人が正解だと思っていたので、それらを獲得するために奮起していました。

でも、デフォルト設定があると、知名度が上がってフォロワー数が増え、収入が多い自分は○、そうじゃない自分は×だったので、獲得するために生きる悪循環から抜けられなかったのです。

今思えばその頃は、30過ぎで何億円も稼いでいたのに、恐怖感があったのです。

そこではっと、**「いくら稼いでも有名になっても、自分で自分の幸せを決めないと永遠に際限ないゲームから抜けられない」**と気づいたのです。そこから、**お金や報酬を捨てて、純粋に好奇心が湧くことを自分にさせてあげました。**

「自己肯定感」という言葉があります。私は会社員時代、自分は自己肯定感が高いほうだと思っていました。でも実際はそうではなかったと今になって思います。

なぜなら自己肯定感は、どれだけ自発的に自分でなりたい姿を決めて行動を積み重ねられるかという自己決定感の厚さで決まるからです。それまでの私は自分で決めていたようで、そうではなかったのです。

いろいろな外部の価値観を取り込み、それに従って「これは良い」と決めていました。だからやらされ感が強く、「この重だるい感じから抜け出したい！」と海外を放浪したりしていたのでしょう。でもどれだけ放浪しても、環境を変えようとしても、自分の頭の中が支配されていれば、本当の意味で自由になることはないのです。

誰かが決めた価値観の上に、どれだけすごい学歴や収入、社会的地位を獲得しても、それは自己肯定感が高いことにはならないのです。実際、大手の企業でキャリアウーマンだったときよりも、コロナ禍のステイホームで好きなことをしていたときのほうが、自分に自信がありました。私が自分らしく豊かに生きられたのも、誰かが決めた価値観に乗らずに、**自分の価値観で生き直しをした**からです。

✦デフォルト設定から抜け出すために

この価値観を形成するためには、たくさんの経験が必要です。自分とは違うもの、異質に出会うことによって、自分が何を欲しているのか確認していくのです。そのためにも、いつも同じ人とつるんでいては、自分の価値観に気づけません。会社員をやっているとつい、会社と家の往復だけになってしまいます。それでは自分らしく豊かな人生を作るスタートの、「自分らしい価値観を作る」ことができないのです。

これからの時代は自分がなりたい姿、自分の幸せ像は自分で決める時代です。けれども出会いや経験が少ないと、データベースが少ないのです。判断には大量のインプットの分母が必要です。そのためにも他人に対するジャッジをなくし、違う人と交流することが大切になってきます。実際、会社員の同僚で、いつもやる気に満ちて憧れていた人が、数年経つとその輝きを失っている場合があります。

きっと仕事や会社が人生の優先順位を占めてしまい、新しい「私はこうなりたい」という望みがなくなっているのだと思います。だからこそ、**儲かるかどうか、評価が上がるかどうかを気にせず純粋に楽しいことを、自分にさせてあげましょう。**

こんなふうに、**「自発的に人生を生きること」が楽しさに繋がります。**

私は会社員時代、デパートやテーマパーク、映画館など「楽しませてもらえる場所」に行かなければ楽しい気分になることがありませんでした。今思えば、常に受け身で誰かに幸せにしてもらうスタンスでした。今は「こんなふうになりたい」という小さな目標（ミニテーマ）がいつもあるので、自発的に「どうしたら叶えられるか？」「どうしたら楽しいか？」を考えるようになりました。

そのおかげで、スーパーに行くのも部屋の掃除をするのも楽しいです。なんでもない日常が本当に幸せで楽しく、小さな気づきがたくさんあって、桃源郷だなと思います。「こんなに楽しくて幸せでいいのかな？」と思う毎日です。もちろん嫌なことがないわけではありません。毎日仕事は山のようにあるし、ＳＮＳの更新は休めないし、問題もたくさんあります。

それでも、誰にも侵されない「なりたい自分像」があって、そこへ向かって進んでいるので、問題ややらないといけないことを含めて楽しいという感覚です。

純粋な好奇心の延長線上に、「もっとお金を稼いでみたい」という欲求が出たら、それは大いにチャレンジすると良いと思います。お金や評価が得られたら自分の価値が上がる、という外側の欲求ではなく、「そんなふうになれると、どんな視野が待ってるんだろう」という好奇心なら、失敗しても楽しめるからです。

私は今、自分の人生を自分で決めて生きられて、とても幸せです。

毎朝、真っ白なキャンバスに絵を描くようです。内側の好奇心は、心も物質も豊かにしてくれるのです。

6 人生を「喜び」で満たして、豊かさの流れに没入する

人生が楽しくない、虚無感や焦りがある。嫌なことばかり起こって辛い。そんな人は人生の目的が辛いものになっています。

そうではなくて、人生の大きな目標はなんでしょうか？

それは楽しいことが良いですね！

たくさんの人に囲まれて笑顔で生きている、自然いっぱいの場所で猫と暮らしている、愛し愛されるパートナーがいる…など、楽しくて気分が上がるような目標を持っていれば「どうすればいい？」と脳が動き出します。

ネガティブなことが起こる本当の理由は、私たちに豊かさを思い出させるためなのです。

そのプレゼントをネガティブなものと捉えては、とてももったいないこと。

嫌なことの裏側に必ず、豊かになるジャンプ台が隠れています。

喜びのためにどうするか？　を考えていれば、自分がバカに見られたくないとか、次々起こる問題で疲弊することがありません。もちろん楽しいことめがけて生きていても、問題は起こります。

でもその際、「楽しいこと」のための問題ならあまり痛みを感じません。大好きな歌手のコンサートが遠方であるとして、「どうやって行こう？」と考えるのに苦痛はないですよね？

同じように脳を使うなら、楽しいことに使うほうが喜んで動けませんか？　だからこそ、**楽しいこと、やりたいことにフォーカスして生きるべきです！**

といっても、「その楽しいこと、やりたいことが見つからないんです」という方も多いでしょう。でも、私がたくさんの方のお悩みを聞いてきて感じたのは、そこに前置詞がついているということです。「お金になる」やりたいこと、というふうに、いらぬ前置詞がついていませんか？

やりたいこと、好きなことはお金が稼げなくても構いません。

私はものすごく猫背で姿勢が悪かったので、今、姿勢矯正のトレーニングにはまっています。それ自体、お金が稼げるものではないのですが、体が変わってくれることが面白いのです。トレーニングする時間を確保しなければいけないので、そのために仕事をどうするか？　食事をどうするか？　どんな服装だと気分が上がるか？　などを考えて動いていますが、とても楽しいです。

他にも趣味の生け花があるし、お料理も上達したいし、自分を幸せにするのが楽しいし、それで忙しいので、ネガティブなことを考える暇がありません！

こんなふうに楽しいことで埋め尽くすほうが、人生って豊かになります。

ただ楽しくて始めた生け花ですが、短い花の命を記録するためにYouTubeに登場させています。それで私らしさが出ているかもしれない。体作りに夢中になって気づかなかったのですが、食事量が増えて疲れにくくなっています。そうすればもっと仕事ができるかもしれませんよね。

「自分を愛しましょう」「自分を幸せに満たしましょう」と言いますが、これではあまりにも大きすぎると思うのです。それよりも、もっと身近なことで良いので**「少しだけ幸せになれること」**を探してほしいのです。

例えば、あなたが毎日使っているコップは、使うたびに嬉しい気持ちになりますか？

箸置きはどうですか？

お箸も素材や長さ、持った感じは気持ち良いですか？

新しくどんどん買えという意味ではありません。普段使っているものより、少しでも気持ちが明るくなるものを手持ちの中から選んでほしいのです。

もしかしたらお気に入りだけど高価だったたから、とお客様用にしていないでしょうか？　それももちろん良いですが、たまにしか来ないお客様用にするよりも、毎日自分をもてなしたほうが喜びは増えますよね。

ベッドシーツの手触りは好みのものでしょうか？

シーツの洗濯頻度はそれで幸せですか？

もしもっと頻繁に洗濯して、おひさまの匂いたっぷりのベッドシーツが好きなら、洗濯の頻度を上げましょう。

こんなふうに小さく考えると、身の回りに自分を幸せにしてくれることは山のようにあります。そして、**自分を少しでも幸せにしようという意識**があれば、毎日それで忙しいはずです。ここまでできるともう他人と自分を比較することもなくなります。外で何が起こっても「私はどうしたら幸せだろう？」と考えられるからです。

このように身近なところで自分をスッキリ心地よく安心させること…これが繁栄の法則です。私たちが自分を喜びで満たせば、望遠鏡から見える世界は喜びで満ちるからです。身の回りを満たしていくのは、非ドーパミン的生き方ともいえます。

運動で体を動かしてセロトニンが出る。身の回りをお気に入りと幸せで満たせばオキシトシンが出る。

この「毎日の生活が充実して楽しい」という状態を作れば、現実は幸せで満ちたものが映し出されるでしょう。なぜなら私たちの状態は原因であり、現実はその結果に過ぎないからです。

この順番を間違えて、「もっとたくさん手に入れたら幸せになれる」「評価されたら幸せになれる」と思い込んでいると、残念ながら中身がスカスカの偽物になってしまいます。ドーパミンが欲しくてレバーを押し続けるラットのようになってしまえば、身近な幸せやあたたかさ、感謝する経験が見えなくなるからです。

この積み重ねで喜びが満ちてくると、同時に自信も湧きます。「成功体験が自己肯定感を上げる」といいますが、微妙にニュアンスが違います。

毎日少しずつ自分を幸せにすることで、自分との絆が深くなっていくのです。その深さ、太さがどっしりした自分軸を生むのでしょう。もう誰かと自分を比較することもないし、「自分をどう幸せにすればいいか？」しか見えないので精神的にも安定します。

そうなれば、お金や人に依存することがなくなります。これが精神的自立です。「自立」と聞くと、社会人として働いてお金を稼ぐことと思うかもしれませんが、違います。

◆ フォーカスするのは、いつも豊かさに

自分で自分を幸せにできることこそ、本当の自立なのです。

そして経済力はこのベースについてきます。なぜなら「もう少しこうしたい」を叶えていけば、自分の心地よさのために動けるからです。そうすれば自分が欲しいだけの収入をどう生み出すのか、真剣に考えるはずです。

知性とは、情緒的なものだと思います。何か知識をたくさん持っていることではなく、**自分の気持ちがわかり、幸せにできる力、そして感謝を感じられるみずみずしい心のこと**です。感謝を感じるために必要なのは、広い視野です。自分からだけの視野ではなく、自分とは違う状況の人がどう感じているか。それを知るには数多くの経験が必要です。そうです、**感謝は経験の多さに比例するということです。**

川で鮎釣りをしたことがある人、自宅でサクッと美味しい天ぷらを揚げようと試行錯誤した人は、お店で出た鮎の天ぷらに感動するでしょう。

それは、この1匹の鮎を釣るために、サクサクの衣で天ぷらを揚げるためにどれほどの工程が必要か、透けて見えるからです。こうした経験を増やしていくには、「こ

うやったら儲かるかな」「こうやったら認められるかな」の動機では弱いのです。

私たちが子供の頃、夏休みに毎日飽きもせずに遊び続けませんでしたか？　川で遊んでトマトを冷やして、山に秘密基地を作って、虫を追いかけて…飽きずにずっと創造力を駆使しながら遊べたのは、「楽しいから」ではなかったでしょうか。

儲かるとか、認められるとかではなく、純粋に**「これが今の自分には面白いから」**でしょう。その**マイブームは大人になっても続けて良い**のです。もちろん仕事があって、40日の夏休みは取れないかもしれません。でもそれ以外の時間、楽しいことや興味があることに意識を向けていきましょう。

実はそれがいちばん、**豊かさの流れに入る方法**だからです。

「どうしたら自分を幸せにできるか？」の問いで物理的に豊かになってきたら、次は思考のトレーニングも必要です。

次は、どんな場所でも誰といても、楽しいこと、幸せに感じることにフォーカスするのです。感じの悪い店員さんがいるお店で食事していたとしても、料理に集中するとか、一緒にいる友達と楽しく過ごすことは可能ですよね。

嫌なことがあると私たちはつい、そちらに意識が向いてしまいます。でも豊かさの流れを自分に引き込みたいなら、いつも豊かさにフォーカスすると良いでしょう。そうすると脳も加勢して、「ああ私って豊かだな」を観測し始めて、さらに「豊かである事実」を集め、起こそうとするからです。

心のサビがとれて思考回路が変わると、以前と似たような出来事が起こっても、反応が変わります。以前、ものすごくイラついていてたまらなかったことがそれほど嫌に思わなかったり、クスッと笑えたり。

こうして内側から自由が拡大していきます。だからこそ、一見ネガティブなことは本当の自分を知るための宝物なのです。

結局、**自分を幸せにしていれば、自分を笑顔にしていれば、お金も豊かさも巡ってきます。**

自分からの「ありがとう」が増えるほど、お金の循環も良くなっていきます。そんな精神的にも経済的にも豊かな、自分らしく充実した人生を送りたいなら…**人生を喜びで埋めてください。**

誰かに認められる生き方、そんなデフォルト設定はもうやめましょう。それは古い「支配の時代」の正解であり、これからは不要です。辛いことに耐えれば、良いことがあると信じている人もいます。

何を信じるかは自由ですが、あなたはそんな辛い人生を、あと何十年も送りたいですか？

それよりも喜びでいっぱいの人生も選択することができます。私たちを突き動かすのは楽しい気持ち、あたたかい安心感、喜びです。

時代背景によって、「常識」は変わります。

季節が変われば咲く花が変わるように、私たちも変化することが必要です。

それが「自然」だからです。

ひとつ前の時代の常識、心のサビに縛られるのはもう終わり！

そんなものはさっさと捨てて、自立しましょう。

豊かさがいっぱい詰まった「心のがまぐち」は、開かれるのを待っています！

本書は、本文庫のために書き下ろされたものです。

知的生きかた文庫

「心《こころ》のがまぐち」を開《ひら》くと、
自分《じぶん》の人生《じんせい》を攻略《こうりゃく》できる

著　者　タマオキアヤ
発行者　押鐘太陽
発行所　株式会社三笠書房
〒102-0072　東京都千代田区飯田橋3-3-1
https://www.mikasashobo.co.jp
印　刷　誠宏印刷
製　本　若林製本工場

ISBN978-4-8379-8920-2 C0130

本書へのご意見やご感想、お問い合わせは、QR コード、
または下記 URL より弊社公式ウェブサイトまでお寄せください。
https://www.mikasashobo.co.jp/c/inquiry/index.html

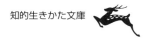

仕事も人間関係もうまくいく放っておく力
枡野俊明

いちいち気にしない。反応しない。関わらない——。わずらわしいことを最小限に抑えて、人生をより楽しく、快適に、健やかに生きるための、99のヒント。

気にしない練習
名取芳彦

「気にしない人」になるには、ちょっとした練習が必要。仏教的な視点から、うつうつ、イライラ、クヨクヨを〝放念する〟心のトレーニング法を紹介します。

人生うまくいく人の感情リセット術
樺沢紫苑

この1冊で、世の中の「悩みの9割」が解決できる！　大人気の精神科医が教える、心がみるみる前向きになり、一瞬で「気持ち」を変えられる法。

されど日記で人生は変わる
今村 暁

時間はたったの1分、書くことはたったの5つ——それだけで、あなたの思考、習慣、行動が好転する！「能力開発」「習慣教育」のプロが教える、もっともシンプルかつ強力な「自己改革メソッド」。

渋沢栄一 うまくいく人の考え方
渋沢栄一［著］
竹内 均［編・解説］

日本近代経済の父といわれた渋沢栄一による、中国古典『論語』の人生への活かし方。名著『実験論語処世談』が現代語訳でよみがえる！　ドラッカーも絶賛の渋沢哲学!!

C504